Mgr **SAGOT DU VAUROUX**

Évêque d'Agen

Pie XI

et l'Action Française

" Editions Spes "

17, RUE SOUFFLOT, PARIS (Vᵉ)

1927

Pie XI et l'Action Française

Mgr SAGOT du VAUROUX

Évêque d'Agen

Pie XI
et l'Action Française

" Editions Spes "

17, RUE SOUFFLOT, PARIS (Vᵉ)

1927

AVANT-PROPOS

On a jugé utile de réunir en une brochure de propagande quelques documents relatifs à l'Action Française.

Après avoir exposé les motifs de la condamnation portée par le Pape, j'ai successivement montré 1° qu'il n'y avait aucune opposition entre les devoirs du catholique et ceux du bon français; 2° que le Saint Père n'avait pour nous que les sentiments les plus paternels; 3° que notre obéissance était, à tous les titres, absolument nécessaire.

Enfin, j'ai écarté les prétextes à l'aide desquels on essaie de justifier une déplorable insoumission et me suis efforcé de mettre en lumière les causes profondes du conflit.

Ces pages sont œuvre de conviction, de loyauté, de sincère désir d'une pacification nécessaire. Je demande qu'on les lise avec les dispositions dont l'âme de leur auteur est animée. Alors elles pourront, c'est mon espoir, faire un peu de bien.

Daigne le Sacré Cœur à qui la France s'est consacrée solennellement après la grande guerre, bénir ce travail, surtout ramener au devoir des catholiques trop attachés à leur religion pour ne pas comprendre, *s'ils veulent se mettre uniquement en face de leurs devoirs essentiels, qu'il ne leur appartient ni de juger le Vicaire de Jésus-Christ, ni de séparer un seul instant de lui la cause de la France.*

CHARLES PAUL,

† *Evêque d'Agen.*

Agen, le 29 juin 1927, en la fête des Saints Apôtres Pierre et Paul.

I

Doctrine catholique,
Doctrine de l'Action française. [1]

Messieurs et chers Coopérateurs,
Mes chers Diocésains,

Le 20 décembre dernier, Sa Sainteté le Pape Pie XI a prononcé, en Consistoire, de graves paroles au sujet de l'Action Française. Après avoir exposé ses idées, il a fait appel au concours de l'Episcopat en ces termes : « Nous avons le ferme espoir que nos vénérables frères, Cardinaux, Archevêques et Evêques de France, remplissant en cela leur charge pastorale, ne rapporteront pas seulement chacun à leur troupeau Notre pensée et Notre paternelle volonté, mais qu'ils en donneront aussi l'explication et l'interprétation lumineuse et fidèle. »

Mon devoir est donc tout tracé. C'est pour m'en acquitter que je prends aujourd'hui la plume; de même que des motifs d'ordre purement religieux ont inspiré le langage du Souverain Pontife, comme il l'a

---

[1] Lettre de S. G. Monseigneur l'Evêque d'Agen à son clergé et aux membres de l'Union catholique de son diocèse.

solennellement affirmé, ainsi je m'efforcerai de vous montrer que je ne cède en vous écrivant à aucun sentiment humain. Je m'estimerais très coupable, mes chers diocésains, si dans les circonstances présentes, je ne vous parlais point avec l'intérêt affectueux ou plutôt la tendre sollicitude d'un père pour le bien de ses enfants.

Mais avant d'aller plus loin, deux observations préliminaires me semblent de la plus haute importance.

1° Lorsque l'on traite des rapports de la religion avec la politique, les confusions les plus regrettables sont faciles. Notons-le bien, le droit d'intervention de l'autorité religieuse dans les questions et affaires politiques n'est légitime que pour rappeler les principes de la morale dont l'Eglise est la gardienne et le défenseur ou pour réclamer des prérogatives nécessaires si les lois de l'Etat les méconnaissent et les violent.

Sans doute il y a des cas où le Pape peut utilement indiquer aux catholiques l'attitude qu'il estime le mieux servir la cause de l'Eglise dans tels et tels conflits avec le pouvoir civil. N'est-il pas le chef? Or le chef commande ses troupes; mais il s'agit alors de directions plutôt que de préceptes absolus. Léon XIII désirait le ralliement, il n'imposait, ainsi que le constatait Pie XI, que l'union sur le terrain religieux. C'est dans ce sens qu'il faut entendre la citation extraite, le 15 décembre dernier, par le journal l'*Action Française*, du Dictionnaire d'Apologétique. Tout au contraire, dans les deux cas que j'ai signalés tout à l'heure, le Pape et les Evêques, non seulement peuvent mais doivent élever la voix. Il leur appartient, je le répète, d'exiger que les catholiques : *a*) observent en politique comme partout et toujours les principes de la morale chrétienne; *b*) protestent par des actes contre les lois incompatibles avec la liberté religieuse.

Voilà une première observation. La seconde n'est pas moins digne de votre attention.

2° En effet, le Pape, dans sa Lettre du 5 septembre et tous les autres documents qui émanent de son auguste personne ou de son inspiration, a réservé les droits de la politique avec une clarté que seule la passion n'a pas aperçue. Son intention formelle a été de s'en tenir aux attributions de sa charge apostolique telles que nous venons de les décrire, et il ne les a pas un seul instant dépassées.

Après avoir renouvelé ses déclarations si précises le 1ᵉʳ octobre, devant les tertiaires franciscains, et le 18 du même mois, en présence d'autres pélerins également français, Sa Sainteté a plusieurs fois confirmé ses instructions, soit par des lettres du cardinal Gasparri, soit par l'intermédiaire de l'*Osservatore Romano*. Malgré certaines déclarations qui nous avaient donné quelque espérance, l'Action Française n'a pas écrit au Saint Père la lettre de soumission qu'il attendait probablement et qui aurait mis fin à ce douloureux épisode de notre histoire religieuse. Et quant à l'*Osservatore Romano*, au lieu de voir en lui, dans les articles qu'il déclarait approuvés, l'organe du Pape, elle n'a cessé de le traiter de journal libéral et germanophile, l'accablant de ses sarcasmes et de son mépris. C'est pour que nul ne puisse mettre en doute ni sa pensée ni sa volonté, que le Pape a prononcé le discours consistorial du 20 décembre.

Je le reproduirai d'abord dans toute son étendue,
mes chers diocésains, soulignant de moi-même les
passages qu'il importe le plus de méditer et de rete-
nir. Après quoi j'examinerai successivement les causes
qui ont donné à l'Action Française tant de prestige
et d'influence sur ses amis, puis les erreurs d'ordre
pratique et les erreurs de principes commises par
cette école et son journal; enfin je tirerai de tout l'ensemble les conclusions auxquelles il faut nous arrêter.

I. — DISCOURS PRONONCÉ PAR SA SAINTETÉ LE PAPE PIE XI AU CONSISTOIRE DU 20 DÉCEMBRE 1926

« Des terres lointaines du Mexique, transportons-
Nous en esprit près d'ici, en France, afin d'exposer
de nouveau Notre pensée concernant la grave controverse sur le parti ou l'école dite d'Action Française,
ainsi que sur les institutions et le journal qui en
ont tiré leur origine, controverse qui, Nous le savons, trouble en ce pays nombre d'esprits; de nouveau, disons-Nous, car Nous avons déjà plus d'une
fois et sans ambiguïté, déclaré Notre sentiment. Nous,
vous parlons de ce sujet pour deux raisons : d'une
part, votre noble assemblée elle-même vers laquelle
le monde catholique tourne ses regards, Nous offre
une occasion remarquable et propice, d'autant plus
que Nos paroles peuvent avoir leur utilité et leur
profit même en dehors des frontières de la France;
d'autre part, il importe de remplir les souhaits et
l'attente de ceux qui, en des lettres respirant un sincère sentiment de piété et l'amour de la vérité, de-
mandèrent à être délivrés de tout doute.

Si en cette occasion les tristesses ne Nous ont pas été

épargnées, le Dieu tout miséricordieux Nous accorda de profondes consolations : pour obéir à un devoir et comme à une douce nécessité, Nous lui en avons aussitôt témoigné Notre reconnaissance en répétant ce verset des Psaumes : « Aussi abondantes que la multitude des douleurs qui affligeaient mon cœur, vos consolations ont réjoui mon âme. » (xciii, 19.) Pour avoir accompli, par l'intervention de Notre autorité, une œuvre très souhaitable et opportune ou plutôt nécessaire, d'excellents laïques, des religieux de l'un et de l'autre clergé, de vénérables évêques et des pasteurs d'âmes Nous ont exprimé leur reconnaissance : qu'ils reçoivent le témoignage de Notre satisfaction, eux et tous ceux qui, manifestant leur foi par les actes, ont reçu avec respect et amour Nos paroles comme venant du Vicaire de Jésus-Christ ou qui, de vive voix ou par leurs écrits, les ont répandues autour d'eux ou au loin, s'en sont faits les interprètes sincères et fidèles et, chaque fois qu'il le fallut, les courageux défenseurs.

Quant à ceux qui insistent et demandent sur cette questions des directives plus claires et plus précises Nous voulons attirer leurs réflexions sur ce fait que, dans la pratique courante de la vie, il n'est pas toujours possible de donner une réponse absolue, définitive et universelle. En outre, ce que Nous avons dit ou écrit jusqu'à ce jour — et en France, pays que ces discours et écrits concernent, personne ne l'ignore plus — contient assez nettement formulées ou faciles à déduire les règles et les idées qui doivent diriger les jugements et les actes. S'il en est dont l'esprit ait besoin d'une lumière encore plus éclatante, *Nous ajoutons qu'il n'est pas du tout permis aux catholiques d'adhérer au programme comme à*

*l'école de ceux qui placent les intérêts de parti avant
la religion et font servir celle-ci à celui-là; il n'est
pas permis de s'exposer et d'exposer les autres, surtout les jeunes gens, à des influences et à des directives périlleuses pour l'intégrité de la foi et de la
morale, comme pour l'éducation catholique de la
jeunesse.*

A ce sujet — pour n'omettre aucune des questions
et demandes qui furent posées — *il n'est pas permis
non plus aux catholiques de soutenir, de favoriser,
de lire les journaux publiés par des hommes dont les
écrits, s'opposant à notre doctrine sur la foi et la
morale, ne peuvent pas ne pas être réprouvés et dont,
non rarement, les articles de journal, les recensions et
les annonces proposent des œuvres présentant pour
leurs lecteurs, surtout les adolescents et les jeunes
gens, de multiples dangers spirituels.*

Tout cela, Nous le rappelons, non sans douleur,
pour ne pas manquer à tant de Nos fils qui s'étaient
réfugiés auprès du Père et Pasteur commun, et aussi
pour ne point paraître oublier que Dieu Nous a
placé, comme une sentinelle, « comme devant rendre compte des âmes... » (*Hebr.*, XIII, 17.) L'apôtre
saint Paul prenait évidemment Notre parti lorsqu'il
apportait aux fidèles ce grave motif d'obéissance et
de soumission envers les supérieurs, afin que ces
derniers rendent compte à Dieu « avec joie et non en
gémissant », ce qui ne serait même pas à l'avantage
des fidèles.

*Du reste, il ne convient pas à Nos très chers fils de
France, ni pour le bien de l'Etat, ni pour celui de
l'Eglise, de rester plus longtemps divisés entre eux
pour des raisons politiques. Au contraire, à tous et
pour tout, ce sera un avantage souverain de s'unir*

tous étroitement sur le terrain religieux, c'est-à-dire pour la défense des droits divins de l'Eglise, du mariage chrétien, de la famille, de l'éducation de l'enfance et de la jeunesse, en un mot, de toutes les libertés sacrées qui sont les fondements de la Cité; dans cette atmosphère de concorde, par des manifestations toujours plus imposantes et plus compactes, par la diffusion de la saine doctrine sur la religion et la morale, par l'apostolat de la charité, qu'ils répandent la notion authentique de ces multiples libertés que Nous avons mentionnées, qu'ils en excitent dans le peuple le désir toujours plus vif, afin que les citoyens, dans la pleine conscience de leur droit, en exigent et revendiquent un jour efficacement l'exercice.

Que cette bienfaisante union des cœurs se fasse, c'est Notre vœu ardent, c'est Notre instante et quotidienne supplication auprès de l'Auteur de tout bien. Néanmoins, que chacun garde la juste liberté de préférer telle ou telle méthode d'administrer la Cité, pourvu qu'elle ne soit pas en contradiction avec l'ordre de choses établi par Dieu.

Ces exhortations que Nous faisons touchant l'accord des esprits et l'entente pour les causes saintes ne diffèrent vraiment en rien des conseils donnés par Léon XIII, Notre prédécesseur d'immortelle mémoire, de même qu'elles concordent avec les avertissements de Pie X, de sainte mémoire; on s'en rendra facilement compte si l'on confronte sans préjugé les actes et documents de Nos deux prédécesseurs, comme Nous l'avons fait Nous-même, et quand on se rappelle, en outre, qu'il n'est ni nécessaire ni possible de toujours exprimer à tous par les mêmes mots tout ce qui a été dit déjà.

Il est superflu de l'ajouter, mais Nous l'ajoutons

cependant *ex abundantia cordis* : ce qui Nous a décidé et décide à parler, ce ne sont pas les préjugés ni les intérêts d'un parti, ni des raisons humaines, ni l'ignorance ou l'insuffisante estime des bienfaits dont l'Eglise ou la Cité peuvent être redevables à certaines personnes ou à un parti ou à une école, c'est uniquement le respect et la conscience du devoir qui Nous obligent, c'est-à-dire le souci de défendre l'honneur du Roi divin, le salut des âmes, le bien de la religion et la prospérité future de la France catholique.

Pour toutes ces raisons et pour ne pas donner prise aux équivoques et aux fausses interprétations, semblables à celles que divers organes et tout récemment le journal déjà mentionné ont employées sans respect et avec un excès d'audace, Nous avons le ferme espoir que Nos vénérables Frères cardinaux, archevêques et évêques de France, remplissant en cela leur charge pastorale, ne rapporteront pas seulement, chacun à leur troupeau, Notre pensée et Notre paternelle volonté, mais qu'ils en donneront aussi l'explication et l'interprétation lumineuse et fidèle.

Ces paroles auxquelles votre présence, vénérables Frères, et l'approche de la Nativité du Roi pacifique ajoutent un caractère solennel et sacré, plaise à Dieu qu'elles établissent entre les catholiques de France une concorde complète et active, grâce à laquelle ils puissent mener une lutte efficace en faveur des intérêts qui fondent, couronnent et sanctionnent tous les autres intérêts; car ceux qui cherchent ce royaume divin, d'après la promesse infaillible du Christ lui-même, acquièrent et s'assurent tout le reste : « Cherchez d'abord le royaume de Dieu, et tout le reste vous sera donné en surcroît. » (*Matth.*, vi, 33.)

II. — CAUSES DU PRESTIGE ET DE L'INFLUENCE DE L'ACTION FRANÇAISE

J'en trouve trois qui sont primordiales : les idées politiques de ses dirigeants, la valeur personnelle de ces mêmes hommes, les services qu'ils ont rendus.

1) A partir de la Révolution, la France a presque constamment vécu de principes dont plusieurs sont faux et donc pernicieux. La troisième République, depuis l'avènement au pouvoir des partis de gauche, n'a fait qu'accroître le désordre intellectuel, moral, social. Elle aggrave tous les jours nos plaies et, par une conséquence rigoureuse, abaisse notre dignité nationale, amoindrit la puissance qui nous a longtemps appartenu dans le monde civilisé. Ces faits-là ne sont malheureusement pas contestables; tous les bons Français en souffrent dans leur honneur, leur patriotisme et leur foi chrétienne. Après la guerre, la plus atroce des guerres, au lieu du relèvement qu'une victoire si chèrement achetée aurait dû rendre facile, nous voyons l'œuvre de décadence continuer. Nous nous demandons avec angoisse où nous allons. Est-ce au bolchevisme, à des désastres économiques, à de nouvelles luttes avec l'Allemagne? Il n'y a rien de bon à attendre des hommes que l'expérience n'a pas éclairés à l'heure de nos grandes épreuves; la domination de la franc-maçonnerie a multiplié chez nous les ruines morales et même matérielles; si on ne met un terme à ses agissements, elle aura bientôt perdu la France.

Ces jugements-là sont l'expression même de la vérité, mais voici les conséquences qu'on veut en tirer :

Si les hommes corrompent les institutions, il est tout aussi exact de dire, suivant un mot célèbre, que les institutions corrompent les hommes. Il faut donc revenir à la tradition française, c'est-à-dire à la monarchie. On l'a démontré jusqu'à l'évidence et bien des fois, le respect non seulement théorique mais pratique de la tradition est aussi nécessaire au progrès familial, social, national, que l'esprit d'initiative. Or la monarchie a fait la France, elle a façonné notre génie, constitué notre admirable unité, établi dans le monde entier la prédominance de notre civilisation. C'est pour avoir rompu la chaîne qui avait uni le présent au passé que, depuis plus d'un siècle notre patrie souffre. Le retour à la monarchie de S. Louis, d'Henri IV et de Louis XIV est le seul espoir qui nous reste. La France s'est confiée maintes fois à de prétendus sauveurs, tous l'ont trompée. Vienne le roi, il nous faut le roi.

2) Cette thèse a trouvé, nous ne faisons point difficulté de le reconnaître, des défenseurs de talent remarquable et de grand courage. Ce sont des penseurs originaux et des écrivains de valeur. Et ils parlent un langage si clair, si vigoureux! Rien ne les retient. Aux puissants du jour, ils disent en face les vérités les plus dures. Ils se moquent des rhéteurs, démasquent les faux amis du peuple, jettent par terre les gloires usurpées, pulvérisent en quelque sorte les théories creuses, les principes soi-disant immortels. En eux, on revoit Louis Veuillot, Drumont, Paul de Cassagnac. Or, à une époque où tant de compromissions louches dégoûtent les gens vraiment honnêtes, il y a plaisir âpre mais réconfortante joie à vivre en pareille compagnie. A la bonne heure! Ce sont des

Français, ceux-là! Partout sévissent le découragement, la peur, le défaitisme politique, quand ce n'est pas l'ambition avec ses lâchetés, ses reniements, ses turpitudes. Eux du moins croient à la victoire, leur fierté ne s'accommode jamais de honteuses capitulations. Vaillants en écrits, ils ne le sont pas moins en paroles et en actes. Les procès correctionnels ne les effraient pas, au besoin leurs camelots manifestent bruyamment, se font arrêter, conduire au poste, au tribunal et à la prison. Plusieurs ne se tirent pas de ces bagarres sans blessures. On ne peut donc s'empêcher de dire que le mot de crânerie ne s'applique jamais mieux qu'à leurs gestes. Ajoutons que ces manières de parler et de faire sont bien françaises; les chevaliers frappant d'estoc et de taille, les grognards de la grande armée, les zouaves de l'Alma, les poilus de 1914, manifestations toujours les mêmes, aux époques les plus différentes, de notre tempérament national, avec son mépris du danger, son bel amour des prouesses, ses élans irrésistibles vers un ennemi qu'il faut attaquer bien en face.

3) Il y a aussi les services rendus. Son Eminence le cardinal Charost, archevêque de Rennes, a énuméré, dans sa lettre du 23 novembre dernier, les titres de M. Charles Maurras à la reconnaissance des catholiques. Le « maître » a mis en pleine lumière, observait-il, la notion d'ordre, l'idée exacte de la mission de l'Etat, la nécessité de l'attachement à la tradition nationale. Il a énergiquement combattu l'anarchie intellectuelle et la fausse mystique du romantisme. Le cardinal assure que nul mieux que M. Maurras n'a mené ces vigoureuses et nécessaires campagnes. N'oublions pas non plus qu'avant, pendant et après

la guerre, l'Action Française a soutenu avec un très clairvoyant patriotisme, les intérêts vitaux du pays contre l'Allemagne. On a fait quelque tapage à propos d'une autre lettre écrite sur un ton fort élogieux, le 31 octobre 1915, par Son Eminence le cardinal Andrieu, à celui dont il condamne aujourd'hui les doctrines, c'est que, personne ne peut le nier, dans l'œuvre du chef de l'école, la défense de l'Eglise occupe une large part.

Voilà, il me semble, les raisons pour lesquelles des catholiques très sincères se sont attachés à l'Action Française. Le désarroi des esprits est tel, à notre époque, que beaucoup de nos amis ont cru trouver là seulement la vérité politique et sociale, les qualités morales, les méthodes de résistance et de progrès qu'ils cherchaient. De la sympathie, ils ont passé à l'adhésion, de la simple adhésion à la confiance sans limites. Chez plusieurs, l'admiration, l'enthousiasme, la docilité, le dévouement atteignent un si haut degré de puissance qu'aucun sacrifice ne leur coûte quand les chefs le leur demandent. Si vous voulez connaître les règles de leur attitude et de leur conduite dans la vie publique, lisez le journal dont chaque matin ils se nourrissent. Ils ne pensent et n'agissent que par lui. Les faits que je signale sont indubitables, ils crèvent les yeux.

III. — ERREURS D'ORDRE MORAL

Il n'est pas moins facile de le constater, la tactique habituelle, systématique de l'Action Française — je ne parle pas encore de ses principes — ne s'accorde pas du tout avec les moyens que l'Eglise recommande constamment à ses fidèles.

1) Je note d'abord une intransigeance excessive. L'absolu est nécessaire, mais il laisse subsister la liberté des opinions. Au n° 14 de la rue de Rome, on regarde comme axiomes un certain nombre d'idées. Soit. Je demande seulement qu'on ne traite pas de mauvais français ceux qui ne les partagent point, les fauteurs de désordre exceptés. Ce n'est pas qu'à la politique et aux choses sociales que l'Action Française étend ses prétentions exclusives: Ecoutez ce qu'elle a osé écrire dans le fameux manifeste publié par elle le 24 décembre, sous ce titre regrettable : *Non possumus*. « Les prélats les plus considérés, les religieux les plus éminents, les plus saints prêtres le lui ont dit : l'Action Française a pour elle ce qu'il y a de plus solide et de plus sûr moralement parmi les familles françaises, tout ce qui est en France honnête et courageux.

Elle a contre elle la petite bande haineuse des démocrates-chrétiens, les pélerins équivoques et suspects de Bierville..., les modernistes de la maison Bloud, les folliculaires de l'*Action populaire*... »

C'est clair: Si l'on ne fait pas cause commune avec l'Action Française, on est démocrate, ce qui dans ce milieu-là est synonyme des pires injures, bien plus encore, on tombe aisément dans le modernisme et l'on manque à la fois d'honnêteté et de courage.

Il y a quinze ou vingt ans que l'Action Française jette cet odieux dilemme à la face d'excellents catholiques, de prêtres, de religieux, de fidèles dont le talent et le zèle rendent service à la foi. Mais entre elle d'un côté et le faux libéralisme, le modernisme théologique ou social de l'autre, la place est libre, la place est grande. L'Eglise catholique l'occupe.

C'est une fierté très douce et une force incomparable
d'être disciple de la doctrine qu'elle enseigne, sans
avoir besoin d'accoler à son nom une épithète quelconque.

L'Eglise n'est pas un parti; l'Apôtre se plaignait
que parmi les fidèles corinthiens, les uns se récla-
maient de Paul, les autres d'Apollo, ceux-ci de S.
Pierre et ceux-là du Christ (1). « Est-ce que le Christ,
ajoutait-il, est divisé? » (2). Je répète le même cri,
soyons simplement catholiques, simplement les fils
soumis de l'Eglise.

2) L'Action Française n'admet pas la critique de
son système théorique et pratique. Gare aux témé-
raires qui osent la contrecarrer. Elle les poursuivra
avec acharnement, les outrages pleuvront sur ces mal-
heureux, non pas une fois, mais pendant des périodes indéfinies de temps, ou du moins dans toutes
les circonstances où elle les rencontrera. Et à quelles
insultes on semble se glorifier de les condamner! Il
en est de si grossières qu'elles devraient offenser la
courtoisie traditionnelle de la bonne société française. Si encore toutes les accusations étaient justes!
Certains griefs sont souvent amplifiés outre mesure,
d'autres ne reposent sur aucune réalité. C'est avec
cette injustice et ce mépris des convenances que tels
de nos défenseurs les plus dignes d'estime ont été vi-
lipendés et le sont encore devant l'opinion publique.
Notez-le bien, je ne fais point allusion ici à des
personnages discutables en raison des idées peu sû-
res qu'ils propagent, je parle de catholiques dont le

(1) I. Cor. I, 12.
(2) *Ibid.* 13.

seul tort est de ne pas donner leur adhésion à *toutes* les doctrines de l'Action Française.

Des incorrections de langage les docteurs de la nouvelle morale politique et religieuse iraient volontiers à la violence des actes. Il y a longtemps qu'ils nous annoncent un coup d'Etat. On s'étonne même qu'ils se soient contentés jusqu'à présent d'équipées sans grande importance. Quelques menaces ont été prononcées; il paraît que la manière forte, c'est ainsi qu'on s'exprime, est la seule qui caractérise les bons citoyens; sans elle, il n'y a et il ne peut y avoir que le système pitoyable des concessions aussi nuisibles qu'inintelligentes, et même très sottes.

Ces procédés-là sont-ils conformes à la morale de l'Evangile? Relisons les conseils donnés par le Pape Pie X à notre pays, dans l'Encyclique *Gravissimo*. Le saint Pontife, un de ceux qui sont chers aux amis de l'Action Française, s'exprimait ainsi, c'était le 10 août 1906 : « Que les catholiques de France, s'ils veulent vraiment nous témoigner leur soumission et leur dévouement, luttent pour l'Eglise selon les avertissements que nous leur avons déjà donnés, c'est-à-dire avec persévérance et énergie, sans agir toutefois d'une manière séditieuse et violente. Ce n'est point par la violence, mais par la fermeté qu'ils arriveront, en s'enfermant dans leur bon droit comme dans une citadelle, à briser l'obstination de leurs ennemis. »

Pie X, il est vrai, s'élève ici contre l'usage de moyens illégaux et non pas contre les querelles de personnes, mais outre que l'Action Française professe ouvertement la légitimité absolue du recours à la force, il est clair que les violences de langage sont elles aussi très opposées à l'esprit de justice et de charité qui doit animer tous les catholiques.

3) La citation que je viens de faire se termine par les mots suivants : « Qu'ils comprennent bien (les catholiques), comme nous l'avons dit et le répétons encore, que leurs efforts seront inutiles s'ils ne s'unissent pas dans une parfaite entente pour la défense de la religion. »

L'union, l'union nécessaire que tous les Papes et avec eux tous les évêques demandent et redemandent sans cesse, est-elle possible entre les hommes qui injurient et les victimes de tant de railleries et de si humiliants dédains? Avouons qu'elle est au moins très difficile et très peu stable. L'Action Française la veut bien, mais à la condition que tous se rangent sous sa bannière; par conséquent elle est, en fait, un élément de discorde entre les catholiques. Nous l'avons bien vu dans diverses circonstances. Alors que tous les bons citoyens auraient dû se retrouver auprès des mêmes urnes, l'Action Française, alléguant que le suffrage universel ne peut pas nous sauver, a plus d'une fois déconseillé le vote et combattu des candidats que la sagesse la plus élémentaire conseillait d'élire. Je n'exagère rien, je rappelle des faits connus.

4) Aux erreurs d'ordre pratique que je signale il est impossible de ne pas ajouter celle que commettent l'un des directeurs de l'Action Française en publiant des romans licencieux et le journal lui-même lorsqu'il recommande à ses lecteurs des ouvrages contraires à la morale chrétienne.

Le Saint-Père a plusieurs fois blâmé ces deux aberrations.

Dans son manifeste du 24 décembre, l'Action Française déclare que M. L. Daudet « est un romancier du plus haut, du plus magnifique talent. Ses peintures les plus libres ne dépassent pas la moyenne de celles qui se trouvent chez beaucoup d'autres romanciers contemporains, certains même catholiques déclarés, certains même apologistes; ce romancier est aussi le seul qui ait poussé l'abnégation jusqu'à retirer du commerce un de ses romans en plein succès, sur les seules appréhensions qu'avait exprimées l'autorité ecclésiastique. »

La défense n'est pas sans habileté. Un évêque n'a pas coutume de lire des romans, j'ignore donc à quels personnages s'adressent de telles allusions, mais ce que je sais bien, c'est qu'après avoir jeté les yeux sur quelques-unes des pages que contiennent les romans de M. Daudet, j'ai éprouvé un vif dégoût et une profonde tristesse. Pourquoi faire les peintures libres dont on parlait tout à l'heure? Les sujets traités ne les exigeaient pas. Je me demande comment un auteur qui se dit chrétien peut se décider à salir ainsi sa plume.

Je ne veux pas contester à M. Daudet le mérite d'avoir retiré du commerce « un de ses romans en plein succès » pour obéir à des conseils très autorisés, mais je m'étonne de ceci : le 17 octobre 1926, le journal l'Action Française, qui d'ailleurs a toujours annoncé avec éloges les romans dont il s'agit, appelait avec quelque emphase M. L. Daudet l'auteur du *Voyage de Shakspeare*. Or je connais assez ce volume pour affirmer qu'il est indigne d'un écrivain respectueux de ses lecteurs et de lui-même.

Malheureusement, l'Action Française n'est pas de cet avis-là. Le 30 décembre, son Carnet des Lettres émit des jugements auxquels je ne m'attendais pas, ou plutôt que j'ai de trop bonnes raisons d'expliquer.

Je cite textuellement : « En général, l'œuvre romanesque de Léon Daudet, à travers tous les écueils qui viennent du genre, a une valeur pour ainsi dire édifiante... Si bien que ce grand artiste du style et doué d'une imagination prodigieuse, est à ranger en fait parmi les romanciers les plus moraux. »

Comment ne pas comprendre que le Souverain Pontife s'inquiète, dans sa sollicitude d'oracle suprême des consciences, lorsqu'un journal lu par des milliers de catholiques tient un pareil langage? Si les lignes reproduites plus haut tombent sous les yeux d'une jeune fille, n'est-il pas à craindre qu'elle ne ressente un ardent désir de connaître les œuvres d'un si grand artiste, *doué d'une imagination prodigieuse* et d'ailleurs tellement imbu de la morale chrétienne que ses ouvrages édifient les âmes? La mère de cette enfant lui refusera-t-elle une permission aussi raisonnable? On voit le danger; encore une fois, n'est-ce pas le devoir de l'autorité religieuse, surtout du Père commun des fidèles, de s'en émouvoir?

L'Action Française prône bien d'autres ouvrages qui ne valent pas mieux que les romans de M. Daudet. En cela elle n'est pas l'unique coupable. Plusieurs des journaux « bien pensants », comme elle l'observe avec une ironie un peu amère, sont aussi répréhensibles qu'elle à cet égard. Aussi bien les catholiques doivent-ils se rappeler que le Pape ne défend pas la lecture d'un seul journal; il réprouve toutes les feuilles qui publient des articles, recensions et annonces présentant des dangers pour la foi et les mœurs, en particulier pour la persévérance chrétienne de la jeunesse, surtout si ces organes se donnent, comme l'Action Française, pour les meilleurs conseillers des catholiques.

IV. — FAUX PRINCIPES

Des faits, il faut maintenant nous élever aux principes dont ils sont du reste les applications.

1) L'Action Française enseigne que la forme démocratique est essentiellement mauvaise. Je précise. Elle ne réprouve pas uniquement la démocratie française, celle qui s'inspire des livres de Jean-Jacques Rousseau ou des théories socialistes. Si elle se contentait de dire que le régime républicain démocratique, tel qu'il fonctionne en France, est condamné par la raison et l'histoire, car les soi-disant axiomes sur lesquels on le fait reposer sont radicalement faux, nous ne pourrions que l'approuver pleinement. En cela elle est d'accord avec le Syllabus de Pie IX. Mais ses affirmations dépassent de beaucoup la mesure. Le 13 novembre dernier, sous la signature J. B., son journal écrivait ceci : « La démocratie est surtout le régime qui consomme plus qu'il ne produit... La démocratie voue les pays pauvres à une misère perpétuelle, puisqu'elle ne crée pas de richesses. Mais elle ruine tôt ou tard les pays riches, puisqu'elle détruit les richesses sans les remplacer. » On ne peut affirmer plus nettement le caractère essentiellement nocif de tout régime démocratique.
Est-ce la pensée de l'Eglise? Les Papes Léon XIII et Pie X ont dit maintes fois le contraire. Je me contenterai d'une citation que j'emprunte à l'Encyclique « Au milieu des sollicitudes », adressée à la France par Léon XIII, le 15 février 1892 : « En se renfermant dans les abstractions, on arriverait à définir quelle est la meilleure de ces formes (de gouver-

nement); on peut affirmer également, en toute vérité, que chacune d'elles est bonne, pourvu qu'elle
sache marcher droit à sa fin, c'est-à-dire au bien
commun. Il convient d'ajouter finalement qu'à un
point de vue relatif, telle ou telle forme de gouvernement peut être préférable comme s'adaptant
mieux au caractère et aux mœurs de telle ou telle
nation. »

Critiquez donc hardiment la démocratie contemporaine dont la France est en train de mourir, nous
serons avec vous; soutenez, si vous le voulez, que la
monarchie s'adapterait mieux au caractère et aux
mœurs de notre patrie, vous avez pleine liberté de le
penser et de le dire; mais si vous jetez l'anathème
sur tout régime démocratique, vous allez contre
l'enseignement formel de l'Eglise. Pie X a condamné
le *Sillon* qui prétendait juste le contraire, mais les
paroles de Léon XIII auraient dû vous préserver d'un
autre excès. La vérité n'est sur ce point ni avec vous,
ni avec le *Sillon;* vous avez horreur de celui-ci, et
pourtant des deux côtés, même absolutisme, tendance toute pareille à aimer les extrêmes, à mépriser
la modération, des deux côtés égale confiance en
soi. Quand on croit posséder le monopole de la lumière, quand on parle en docteurs infaillibles, il est
inévitable de tomber un jour dans l'erreur.

2) Politique d'abord. Il faut combattre, il faut
détruire le régime. Si l'on en croit l'Action Française, c'est par là qu'il est nécessaire de commencer.
Faisons avant tout la guerre au gouvernement républicain, à la démocratie. Ce n'est pas que M. Maurras
et ses disciples mettent la politique au-dessus de
tout. M. Jacques Maritain, dans un récent opuscule,

distingue, en philosophe qu'il est, l'ordre d'intention de l'ordre d'exécution. Or M. Maurras « ne se place pas dans l'ordre d'intention, mais dans l'ordre d'exécution, et c'est à ce qui vient en premier dans cet ordre qu'il applique son attention, au moyen conditionnant humainement l'efficacité des autres et qu'il faut supposer d'abord pour assurer l'avenir de l'intelligence et la restauration de l'ordre » (1). En deux mots, l'Action Française ne dit pas que la réforme politique soit le but suprême de ses efforts (ordre d'intention), mais elle enseigne que pour arriver à la fin, le meilleur moyen, le moyen qui est le plus efficace, c'est de faire de la politique. M. Maurras a remercié le philosophe de son explication lumineuse (2). « Politique d'abord, écrit-il, cela veut dire que l'état politique étant le fort de l'ennemi, la place de laquelle il dirige toutes ses attaques contre la vie nationale et les traditions du monde civilisé, c'est à son centre politique qu'il faut frapper si l'on veut être délivré » (3).

Qu'un penseur non chrétien comme M. Maurras émette une pareille opinion, rien de plus naturel, mais que J. Maritain, catholique convaincu, affirme que la philosophie doit accepter cette théorie (4), c'est un peu étonnant, car enfin rien n'est plus contraire à la doctrine catholique que la maxime : Politique d'abord.

(1) *Une opinion sur Charles Maurras et le devoir des catholiques*, p. 31.
(2) *Action Française*, 18 décembre 1926.
(3) *Ibid.*
(4) *Loc. cit.*, p. 32.

Si, en effet, l'Eglise a besoin de la bienveillance ou du concours des pouvoirs publics pour accomplir sa mission, que devient l'efficacité divine de la prédication évangélique? Saint Pierre et saint Paul ont-ils attendu qu'un César chrétien s'assît sur le trône de Néron pour annoncer le Christ? Les missionnaires du Japon doivent-ils ourdir une conjuration contre le Mikado et essayer d'établir à Tokio un gouvernement catholique avant de travailler à la conversion des infidèles? L'*Action Française* du 29 décembre cite avec complaisance un journal marseillais dans lequel nous lisons des phrases comme celles que je vais reproduire : « Qui a assuré le triomphe de l'Eglise, au iv⁰ siècle, dans l'empire romain, dans tout le monde méditerranéen? Constantin par sa soumission... Un fait politique précéda le fait religieux, le rendit immédiatement possible. Charles Maurras n'a pas connu Constantin n'a pas pu lui faire la leçon « Politique d'abord». Mais Constantin a appliqué la doctrine avant d'en connaître la formule. » Et l'auteur ajoute cette réflexion vraiment comique : « ... Les beaux esprits se rencontrent... » Et un peu plus loin : « C'est la politique qui fait à son gré ce que l'Eglise approuve ou réprouve... Le programme du général de Castelnau ne peut donc se réaliser que par l'application de la formule : Politique d'abord. »

La vérité est toute contraire. Sans doute, il est très utile à l'Eglise que l'Etat soit catholique ou du moins respecte et favorise la liberté religieuse. Tous les Papes ont enseigné cette doctrine, mais un Constantin n'aurait jamais été possible si la multitude des chrétiens n'avait pas grandi dans des proportions imposantes. Voici deux remarques de la plus haute importance : 1° Que le gouvernement soit avec ou contre nous, le plus pressé est d'atteindre les âmes. Quand les catholiques seront devenus une force par la valeur morale encore plus que par le nombre, on sera obligé de compter avec eux, et peu à peu ils obtiendront la liberté, comme O'Connel et ses vaillantes troupes l'ont conquise en Irlande. 2° Une révolution dans le bon sens du mot est évidemment aléatoire; tandis que l'Eglise, étant douée d'une force surnaturelle, peut triompher de toutes les persécutions et surmonter les plus redoutables obstacles. L'histoire le prouve par mille exemples. Nous disons donc, nous : Apostolat catholique d'abord. Penser autrement, ce serait, en somme, tomber dans le naturalisme qui nie la nécessité et la valeur de la grâce, puisque le salut des sociétés dépendrait moins de l'action du sacerdoce que de celle d'un pouvoir humain.

3) Mais si l'Action Française parvient à rétablir la monarchie, quelle place occupera la religion catholique dans le monde nouveau? Sans aucun doute, l'Eglise ne sera pas seulement l'objet d'un sincère respect; elle jouira d'une pleine liberté, car on la reconnaît pour la première force morale d'ici-bas.

Aussi bien a-t-elle toujours été défendue contre ses ennemis par le journal et la ligue que le Pape condamne. M. Charles Maurras n'a jamais fait mystère de ses sympathies confiantes pour la vieille société dont le chef suprême réside au Vatican. Il a constaté, en effet, que le catholicisme avait été si vraiment l'éducateur du génie et de l'âme de la France, qu'entre nos traditions et l'histoire de la France les liens étaient trop étroits pour rendre possible un relèvement national dont l'influence religieuse ne fût pas l'un des principaux artisans. Ce n'est pas tout. M. Maurras aime l'Eglise parce qu'il voit en elle une admirable et efficace puissance d'ordre. Le 26 octobre 1926, *l'Action Française* protestait énergiquement contre une accusation grave, il est vrai, qu'elle croyait trouver dans un récent article de la *Croix*. « D'autres rendent hommage à l'Eglise et à sa doctrine, non point comme vérité à embrasser, mais comme système de gouvernement à utiliser... » A cette phrase qu'il traitait « d'interprétation misérable », M. Maurras opposait une page de son ouvrage, *Le Dilemme de Marc Sangnier*. En voici les premières et dernières lignes : « On se trompe souvent sur le sens et la nature des raisons pour lesquelles certains esprits irréligieux ou sans croyance religieuse ont voué au catholicisme un grand respect mêlé d'une sourde tendresse et d'une profonde affection... Le catholicisme est partout un ordre. C'est à la notion la plus générale de l'ordre que cette essence religieuse correspond pour ses admirateurs du dehors. »

Il n'y a rien à répondre, n'est-ce pas? à d'aussi claires affirmations. Je suis pourtant obligé de le dire, M. Ch. Maurras n'explique pas son romanisme par des motifs suffisants.

Le catholicisme est la religion traditionnelle de la France, l'âme française est et ne peut pas cesser d'être catholique. Assurément. Mais le fait d'appartenir au patrimoine d'une nation ou d'une race impose-t-il de toute nécessité le maintien d'un culte? Alors le christianisme n'avait pas le droit de se substituer au paganisme romain qui, lui aussi, paraissait inséparable de la république des Scipions et de l'empire des Césars? Alors les persécutions étaient légitimes et les chrétiens qui, pendant trois siècles, ont subi par millions les tortures du martyre, étaient des perturbateurs, des révolutionnaires?

Et quant à l'idée d'ordre, il est hors de doute qu'elle s'incarne en quelque sorte dans l'Eglise catholique, mais pourquoi M. Maurras est-il heureux de constater ce fait, sinon parce que l'ordre est essentiel à toute civilisation? Et donc aimer l'Eglise en tant que principe d'ordre, c'est l'aimer en tant qu'elle est utile, utile certes au sens le plus élevé du mot, mais utile comme garantie de la sécurité et du progrès, donc comme moyen, et non pas comme dépositaire et interprète de la vérité éternelle.

Si ce système ne subordonne pas la religion à la politique, s'il ne consiste pas à faire servir l'autorité de l'Eglise à celle du gouvernement, je supplie qu'on me dise comment il faut le comprendre.

Tels ne sont pas, c'est bien évident, les principes qui dirigent nos luttes pour la liberté religieuse. On objectera en vain que rien n'empêche les catholiques affiliés à l'Action Française de servir les intérêts de l'Eglise pour d'autres raisons que celles dont s'inspire M. Maurras. Convient-il, répondrai-je, que l'on mène les catholiques à la bataille pour la défense de l'Eglise, quand on n'admet pas le caractère divin de celle-ci? Et l'incroyant, quels que soient son talent et sa droiture d'âme, conduira-t-il avec assez de sûreté ses troupes, saura-t-il commander les manœuvres opportunes, s'il ne voit dans notre religion qu'une œuvre humaine?

Un autre danger, très particulièrement grave pour la jeunesse à laquelle la pratique des vertus de l'Evangile est si difficile, c'est d'accréditer cette idée fausse qu'on peut être un excellent serviteur de l'Eglise sans obéir à ses lois. Au dire de certaines personnes

— elles sont nombreuses — M. Maurras est au premier rang parmi ceux qui savent bien nous défendre. Donc ni la foi, ni l'accomplissement des préceptes ne sont exigés pour mériter de faire partie de l'armée chrétienne et même de la commander. Jeanne d'Arc raisonnait autrement, elle qui, pour assurer la victoire, voulait qu'avant de marcher au combat ses soldats fissent une bonne confession et une pieuse communion. Nous pensons comme elle. Selon nous, la France ne sera sauvée que par des catholiques convaincus et vertueux. Ce que nous voulons donc, c'est former une jeunesse qui croie, mette ses actes en conformité avec ses principes, et par suite attirant sur ses rudes labeurs les bénédictions de Dieu, prépare efficacement le retour de notre patrie à l'ordre catholique. Nous ne dédaignons le concours de personne, mais nous n'espérons le succès décisif que par les ressources surnaturelles de l'apostolat, sacerdotal d'abord, et puis laïque.

4) L'erreur fondamentale des chefs de l'Action Française — puisque toutes les autres en découlent — est bien connue. Le maître et quelques-uns de ses collaborateurs, non des moindres, professent la doctrine positiviste. Mais tout en étant disciple d'Auguste Comte, M. Maurras a fait siennes des idées philosophiques qui se rattachent, semble-t-il, à la pensée d'Anatole France. Vers la fin de la préface rééditée en 1921 — qu'on veuille bien remarquer cette date — pour la 4e édition de son livre : *Le Chemin de Paradis*, nous lisons cette phrase : « J'ai osé évoquer, en présence de mille erreurs, les types achevés de la Raison, de la Beauté, et de la Mort, triple et

unique fin du monde » (1). Chose étrange, l'homme supérieurement intelligent et cultivé qui émet des affirmations aussi opposées à nos croyances ne s'aperçoit même pas qu'il nous blesse cruellement. Au contraire, trois pages plus haut, il avait formulé avec un très grand calme le plus énorme sophisme qu'on puisse concevoir en pareille matière. « La chaîne d'idées que j'expose est très suffisamment païenne et chrétienne pour mériter le beau titre de catholique qui appartient à la religion dans laquelle nous sommes nés » (2).

Quelle confiance nous inspirera jamais une philosophie dépourvue à ce point de connaissances exactes sur les choses catholiques?

Je sais bien comment on essaie de nous rassurer, comment M. Maurras lui-même, depuis quatre mois, cherche à détruire l'effet que produisent nécessairement ses étranges théories, quand on les connaît.

Ce sont là, nous répète-t-on avec insistance, des idées purement philosophiques; elles n'ont aucun rapport avec la ligue et un journal dont le but et les moyens sont d'ordre politique. Adressant, le 1ᵉʳ septembre 1926 à S. E. le cardinal Andrieu leur lettre de protestation, les dirigeants catholiques de l'Action Française observaient « que Maurras n'a jamais propagé son incroyance. Cette doctrine, il l'a écrit, lui est particulière : j'ai le droit de dire qu'elle m'est propre, uniquement personnelle et dans cette mesure qu'elle ne regarde que moi, qu'elle n'engage que moi, ne traduisant nulle autre opinion que la mienne. »

(1) Page xc.
(2) *Ibid.*, p. lxxxvii.

C'est fort bien, mais vous êtes le chef d'une grande école, vos admirateurs forment une très nombreuse légion, vous êtes pour eux l'un des plus profonds penseurs de notre temps, un oracle quasi infaillible. Pouvez-vous supposer que vos ouvrages passeront inaperçus ?

D'ailleurs, si vous les publiez, c'est sans aucun doute pour les faire lire. Qui plus est, votre journal les célèbre, les exalte comme des chefs-d'œuvre.

« *Le Chemin de Paradis*, c'est une hymne à la raison, à l'intelligence, donc à leurs rapports avec le perfectionnement de la pensée humaine et avec le bien public... Hymne à la raison et à l'intelligence, disais-je, oui, mais à la raison et à l'intelligence conductrices de la cité en même temps que souveraines de la pensée de l'homme. Hymne qui, selon l'épigraphe liminaire d'Anatole France,

.............................« *chante la beauté sainte,*
L'harmonie et le chœur des lois traquant l'enceinte
Des cités (1) »................................

Pourquoi ces louanges publiques sinon pour que l'ouvrage ainsi glorifié atteigne une large diffusion ? Et comme M. Maurras y traite du bien de la cité, il est probable que ses disciples se sont empressés de chercher dans ce livre païen les maximes et les règles dont leur conduite doit s'inspirer.

J'ai limité mes observations au *Chemin de Paradis* pour éviter d'être trop long. Je pourrais faire d'autres citations tout aussi suggestives, noter par exemple une longue dissertation sur l'idée de Dieu dans le

(1) *Action Française*, 25 juillet 1921.

volume *Romantisme et Révolution* (1922). M. Maurras déclare que « le mérite et l'honneur du catholicisme furent d'organiser l'idée de Dieu et de lui ôter
ce venin » (1). Que signifie cette phrase? L'Eglise a
élucidé, affermi, protégé et défendu contre les al-
térations possibles l'idée rationnelle de Dieu; elle n'a
pas besoin de l'organiser, c'est-à-dire d'y ajouter ou
d'en retrancher quelque chose.

Néanmoins, M. Maurras nous est présenté par ses
amis comme un grand convertisseur d'âmes. Le
manifeste du 24 décembre affirme que d'innombra-
bles retours à la foi sont dus à l'influence de ses
écrits. Tant mieux; nous nous réjouissons sincèrement de ce fait : il n'est pas le seul de ce genre que
nous connaissions. Après avoir lu l'*Hortensius* de
Cicéron, S. Augustin se trouva tout changé, ses dé-
sirs prirent un autre cours, il éprouva le besoin de
n'adresser qu'à Dieu ses prières (2). Et de nos jours
la critique victorieuse faite par M. Bergson de la
conception mécaniste du monde a dissipé dans certaines intelligences leurs doutes sur la possibilité du
miracle.

L'Action Française va plus loin. A l'entendre, M.
Maurras n'aurait jamais été nuisible à aucun esprit.
On nous fait un procès de tendances, disait, il y a
quelque temps, un rédacteur du journal (3). On nous
juge sur des possibilités et non pas sur des réalités.

(1) Page 274. — Le venin qui s'infiltre dans l'idée de Dieu
lorsque cette idée n'est pas « organisée » par des autorités
humaines, il faut dire humaines, car M. Maurras ne reconnaît
ni à l'Eglise ni au Pape une autorité divine.

(2) *Conf.* Liv. II ch. IV.

(3) *Correspondance entre M. Pujo et le R. P. du Passage*
(Etudes, 5 décembre 1926, pp. 621-624).

Un tel langage n'est pas raisonnable. Quand surgit un danger, le Pape a bien le droit et le devoir de préserver ses enfants des inconvénients à craindre. En l'espèce, ne s'agit-il pas de périls plus ou moins menaçants? Il y a aujourd'hui beaucoup de désordre dans les idées, nous rencontrons souvent des catholiques sincères qui, sans en avoir conscience, mêlent aux principes de l'Eglise des doctrines condamnées par elle. Est-il bien sûr que la philosophie de M. Maurras et de certains de ses collaborateurs n'ait pas augmenté le nombre de ces regrettables contradictions? C'est aux fidèles de l'Action Française de prouver, en se soumettant au Souverain Pontife, que le sens catholique n'a subi aucune atteinte dans leurs âmes.

V. — CONCLUSIONS

1) L'obéissance, voilà le premier résultat que Pie XI attend de son intervention. Cette docilité nécessaire établira seule entre tous les catholiques l'accord désirable. Relisez l'allocution consistoriale; l'accent avec lequel le Pape demande la concorde ne vous laissera pas insensibles. Notre Chef suprême, notre Père commun, le représentant de notre divin Rédempteur Jésus-Christ, prescrit à « ses très chers fils de France de s'unir tous étroitement sur le terrain religieux ». Quel sera le but de leur action fraternelle? Le Saint-Père l'indique clairement. Ce sera la lutte contre la législation sectaire qui opprime depuis si longtemps nos consciences, « c'est-à-dire la défense des droits divins de l'Eglise, du mariage chrétien, de la famille, de l'éducation de l'enfance et de la jeunesse, en un mot de toutes les

libertés sacrées qui sont le fondement de la cité ».
Les catholiques sont-ils tellement nombreux et si
forts dans notre pays qu'ils puissent, sans compromettre leur cause, se diviser au lieu de marcher ensemble contre l'ennemi? Que nul parmi eux ne
s'avise de demander à d'autres que le Pape et les Evêques les mots d'ordre, les directions, les conseils dont
ils ont besoin. Et que, dans les luttes politiques, les
questions religieuses soient toujours mises à part, en
sorte que l'autorité de l'Eglise commande à l'exclu-
sion de tout chef laïque, les manœuvres qui prépare-
ront la victoire. Voilà ce que veut le Pape; comment
se permet-on de dire qu'il condamne ses amis sous
l'influence de ses pires adversaires?

2) L'union des catholiques doit se réaliser, c'est
évident, en dehors de tous les partis. Par conséquent
il ne peut jamais être question dans nos groupements confessionnels de la forme du gouvernement.
Le cardinal Gasparri, répondant le 23 novembre dernier au général de Castelnau, président de la Fédération nationale catholique, le dit expressément :
« L'unique but que Sa Sainteté se propose, comme
les Pontifes ses prédécesseurs, c'est précisément de
réunir tous les hommes de bien pour la défense de la
religion, en laissant de côté leurs divisions et les divergences purement politiques qui les séparent ». Et
l'éminent Secrétaire d'Etat montre avec clarté,
comme le fera un mois plus tard Pie XI dans son allocution consistoriale, que les Papes Léon XIII et
Pie X — jamais opposés l'un à l'autre quoique
on ait prétendu le contraire, — avaient tracé aux catholiques la même ligne de conduite. En effet, nulle
part Pie X « ne suggérait l'idée que la défense de la

religion dût se faire sur un terrain qui ne fût pas celui des institutions existantes, comme Léon XIII l'avait déjà déclaré ». Donc « accepter sans arrière-pensée, avec cette loyauté parfaite qui convient au chrétien, le pouvoir civil dans la forme où de fait il existe. » Eh! oui, car si l'on entrait dans une organisation religieuse avec l'intention de s'en servir pour attaquer la constitution de l'Etat, ce serait confondre la politique avec la religion et compromettre l'existence même de l'œuvre à laquelle on s'attacherait.

Chez nous il n'y a dès lors aucune pensée secrète d'hostilité à la forme républicaine de gouvernement. Cette question-là n'intéresse pas notre action; mais faut-il demander aux catholiques quelque chose de plus? Je le rappelais au commencement de cette lettre, Léon XIII sans jamais imposer le ralliement comme un devoir strict, l'avait expressément recommandé à tous les Français. Il voulait par là atteindre deux buts excellents : *a*) Donner un démenti très net à la secte maçonnique qui nous ayant toujours attribué des visées politiques, affecte de combattre, non le catholicisme mais le cléricalisme; *b*) permettre aux catholiques de recouvrer leur influence perdue, en pénétrant dans la citadelle au lieu de rester au dehors comme des étrangers et même des parias. Ce qui prouve que ce conseil était très bon, c'est l'opposition constante des ennemis de notre foi au ralliement. Léon XIII rappelait qu'on pouvait adhérer à la République sans persécuter l'Eglise; pour le parti vainqueur, la libre-pensée est inséparable de l'idée républicaine.

Aujourd'hui encore la politique du grand Pontife serait fort utile, car la confusion entretenue à dessein par les maîtres du jour persiste dans l'esprit de la foule. Le président général de l'Association catholique de la Jeunesse française, M. de Menthon, le constatait très justement : dans les milieux populaires on croit souvent qu'il y a identité entre l'action catholique et l'action royaliste (1). N'est-il pas très désirable que lumière soit faite sur ces malentendus dont l'un des résultats les plus ordinaires est, aux élections législatives, le triomphe de nos pires oppresseurs ?

Le bénéfice serait grand pour la cause catholique et, je l'ajoute avec une conviction profonde, pour la France, si, renonçant au moins pour l'heure à l'espoir très peu justifié par les faits d'une restauration monarchique, les hommes de l'Action Française essayaient de constituer avec tous les honnêtes gens un grand parti national. La défense de l'Eglise sur le terrain religieux d'abord, à côté la lutte politique sur le terrain constitutionnel: tel était le rêve de Léon XIII et, on doit le dire, de ses successeurs. Combien plus utiles au pays seraient alors le talent, l'énergie, la générosité, le dévouement fier et tenace de ceux qui forment aujourd'hui les cadres d'une ligue puissante sans doute, mais incapable de remporter la victoire qu'elle annonce depuis tant d'années!

3) Mais Léon XIII, je l'ai montré dès le début de notre entretien et je le redisais il n'y a qu'un instant, avait seulement rappelé les règles pratiques que l'Eglise a toujours conseillé aux catholiques de suivre. Ses successeurs, témoins de l'insuccès politique du grand Pape, se sont contentés de prêcher l'union en dehors et au-dessus de tout parti politique. Pie XI

(1) *Annales de l'A. C. J. F.*, 25 décembre 1926, pp. 745-751.

n'observe pas une autre attitude. Dans sa réponse au cardinal Andrieu, archevêque de Bordeaux, et jusqu'à son allocution consistorale, inclusivement, le Saint-Père a expressément déclaré que les catholiques avaient le droit de préférer telle ou telle méthode, lisons système, pour gouverner la cité, c'est-à-dire l'Etat. On a cru voir autre chose dans la lettre du cardinal Gasparri au général de Castelnau : Erreur. Son Eminence affirme que le Pape maintient « à chacun la juste liberté dans les questions purement politiques, s'agit-il même de la forme du régime » (1).

On voit combien les chefs catholiques de l'Action Française se sont trompés en prétendant que leur indépendance politique était menacée par Rome. Le manifeste dont le titre est emprunté à la langue ecclésiastique *Non possumus*, comme pour opposer aux intransigeances de la doctrine catholique une intransigeance égale, celle de la conscience, est fort éloquent mais porte à faux. Favoriser l'acte qui tuerait l'Action Française, s'écrient-ils, serait mortellement nuisible au pays. « Favoriser cet acte serait trahir. Nous ne trahirons pas..., il est pénible pour des fils d'être obligés de résister aux injonctions d'un père. Mais pour lui obéir, nous ne pouvons pas commettre un péché comparable en gravité à un crime tel que le parricide » (2).

Si le Pape demandait à ses fidèles de commettre ce péché, il est bien évident qu'il faudrait lui désobéir, car alors il ne représenterait plus l'autorité de Dieu, mais encore une fois le Pape n'a pas parlé *politique*, il a parlé *religion*, il n'a pas franchi les limites de

(1) *Lettre* du 23 novembre 1926.
(2) 24 décembre 1926.

ses attributions, il a usé simplement des prérogatives de sa charge apostolique.

Ceux qui pensent autrement souffrent beaucoup, je le comprends, et leur peine m'émeut plus que je ne saurais le dire. Que je voudrais les ramener à une appréciation exacte des choses!

Et j'éprouve un vif sentiment de tristesse lorsque je les vois, dans leur trouble et leur irritation, recourir à des hypothèses inacceptables au sujet des origines du conflit. Intrigues des démocrates chrétiens, espèce de marché conclu entre un nonce et le gouvernement français, influence d'un parti germanophile qui serait, selon eux, très puissant dans l'entourage du Pape, voilà les pitoyables explications que certains journaux colportent à mots couverts ou même ouvertement et qui alimentent les conversations dans les salons bien pensants. L'un de ces romans les plus répandus a excité, après enquête, l'indignation d'un de nos vaillants, l'abbé Bergey. C'est lui que vous allez entendre : « Je suis allé aux sources directes et je déclare nettement que ce récit est une infamie contre laquelle tout honnête homme doit protester.. » (1).

Sans descendre dans ces bas-fonds, certains supposent au Saint-Siège des intentions qui lui sont, je l'affirme, tout à fait étrangères. M. Maurras a écrit, le 3 janvier, cette phrase vraiment déconcertante : « On travaille à dissocier ce qui était jusqu'ici considéré comme indissociable, le catholicisme des Français et le patriotisme français. » Non, non, le Saint-Père ne cherche pas à nous empêcher, nous

____

(1) *L'Action catholique* du 5 octobre 1926.

clergé et vous fidèles, de croire que notre devoir de catholiques est d'aimer notre patrie, de travailler à sa grandeur et à sa prospérité, de vouloir avec énergie le respect de ses droits.

Mais revenons aux causes de l'intervention pontificale dans les affaires de l'Action Française.

Le Pape a plusieurs fois solennellement déclaré que son unique intention était de remplir son devoir de pasteur suprême. Le croit-on capable de tromper le monde catholique? Le regarde-t-on comme un homme pouvant subir par faiblesse d'esprit où de caractère, une pression exercée par quelques subalternes passionnés et intéressés, ou encore se prêter aux combinaisons d'une louche diplomatie?

4) Mais enfin, que faire? Pie XI défend aux catholiques « de soutenir, de favoriser, de lire » les journaux qui professent et pratiquent des systèmes contraires aux principes catholiques; il ne défend pas moins d'adhérer au programme et à l'école dont ces organes s'inspirent. Les termes de l'allocution pontificale sont clairs, l'Action Française avoue être nettement désignée bien que son nom ne soit pas écrit.

En conséquence, il n'est pas permis aux catholiques :

a) De favoriser l'Action Française, c'est-à-dire de l'encourager par des témoignages de sympathie et d'aider à sa propagande; .

b) De la soutenir en prenant part aux souscriptions qu'elle ouvre;

c) De lire son journal tel qu'il est rédigé aujourd'hui, et donc de s'y abonner;

d) D'adhérer aux organisations qui dépendent d'elle;

e) De s'exposer et d'exposer autrui, les jeunes gens surtout, à subir l'influence de ses doctrines.

Soyez donc royalistes, mais séparez-vous, tant qu'il restera ce qu'il est, d'un groupement condamné par le Pape. Il n'est pas nécessaire, pour aimer et défendre la conception monarchique d'être inféodé à l'Action Française. Celle-ci ne possède aucun monopole. Il est probable que le comte de Chambord et le comte de Paris auraient mal accepté une tutelle dont, plusieurs années durant, le duc d'Orléans a essayé de s'affranchir. Y a-t-il dans le monde civilisé une seule monarchie où les théories de M. Maurras soient mises en pratique? Je ne le crois pas. Et si un roi relevait le trône de France, il est plus que probable que peu de temps après ce grand événement, l'école de la rue de Rome ferait opposition, non pas à son prince, mais au gouvernement nouveau.

Les catholiques royalistes demandent ce qu'ils ont à faire; je me suis contenté de le leur dire : Ils peuvent suivre les directions du Pape sans cesser pour cela de travailler à la restauration qu'ils désirent et qu'ils espèrent.

*
* *

Le colonel Keller, président du comité catholique de Paris et de la Société Générale d'éducation et d'enseignement, fils de l'illustre et saint Emile Keller, héritier et continuateur de celui qui fut si longtemps l'un de nos plus dévoués défenseurs, mais dont les convictions monarchistes n'ont jamais varié, écrivait le 28 décembre, dans la « Correspondance hebdomadaire », en tête de la première colonne, les lignes suivantes, sous le titre : « *Après la parole du Père* » :

« L'année se termine tristement pour les catholiques de France : alors qu'une fraction notable d'entre eux a encouru la sévérité du Père commun, la charité fraternelle ne permet à aucun de rester indifférent devant l'épreuve douloureuse de ceux qui sont frappés.

« Pour notre part, fidèlement attentifs aux avertissements qui viennent de la chaire de Pierre, nous recueillons ses leçons avec une humble et simple docilité.

« Ainsi assurés dans notre conduite et dans notre foi, nous tendons la main la plus largement ouverte aux bons compagnons de lutte que presse l'austère et absolu devoir de soumission. Hier, durant la veillée de Noël, le vieil univers a tressailli une fois encore de ses immortelles espérances. Puissent les nuées du ciel s'entr'ouvrir et daigne le Divin Enfant-Sauveur laisser descendre sur tous quelques rayons de la paix qu'Il est venu apporter ici-bas aux hommes de bonne volonté! »

J'ai tenu à reproduire ces belles paroles, quoique la tristesse que m'inspire une charité toute paternelle, soit dominée par la joie de recueillir sur les lèvres du Souverain Pontife les enseignements lumineux dont nous avons si grand besoin.

Je supplie ceux des catholiques de mon diocèse qui avaient donné leur confiance dévouée à l'Action Française de se soumettre pleinement à leur chef suprême. Qui est avec le Pape est avec Dieu. A quoi sert de travailler, si Dieu ne bénit pas le labeur? Sur quoi repose une espérance quand Dieu ne l'encourage pas? Nous vivons à une époque où tant d'idées se choquent, où les luttes de toute sorte se multiplient et deviennent tellement dures, tellement dangereuses, qu'une inviolable fidélité au Vicaire de Jésus-Christ est plus que jamais notre devoir, notre sécurité et notre honneur.

C'est notre devoir, car nous avons l'obligation de fuir l'erreur, de nous tenir fermement attachés à la chaire de vérité, celle de Saint Pierre; c'est notre sécurité, puisque notre faiblesse et les pernicieuses influences du siècle nous exposent gravement à tomber dans de funestes aberrations; c'est notre honneur, notre gloire; que serions-nous sans la foi, quelle valeur auraient, si nous n'étions pas chrétiens, nos idées, nos actes, notre vie toute entière?

L'avantage est donc énorme pour nous de connaître exactement la voie droite. Le Pape a condamné le Sillon, mais non pas la démocratie en général; le Pape condamne l'Action Française, mais non pas la monarchie. Le terrain est par conséquent déblayé, les erreurs contemporaines nous sont signalées, la lumière nous éclaire. Voilà, je le répète, un immense profit. Pie XI a reçu, le 30 décembre, à l'occasion des fêtes du deuxième centenaire de S. Louis de Gonzague, une députation de la jeunesse française; il l'a assurée de sa confiance, exprimant cette idée qu'elle sera toujours avec le Vicaire de Jésus-Christ. Nos chers jeunes gens ne voudront pas infliger à celui qui a parlé de la sorte un douloureux démenti. Et ils donneront à leurs aînés un bel exemple.

Tous, réjouissons-nous d'aimer le Pape, soyons fiers de cette dévotion filiale, de cette obéissance sans limites, en un mot soyons catholiques.

C'est par ce dernier mot, mes chers coopérateurs et mes chers diocésains, que je termine ma longue lettre, mais non sans vous renouveler l'assurance bien sincère de ma paternelle affection en Notre-Seigneur.

† CHARLES-PAUL,
Evêque d'Agen.

Agen le 6 janvier 1927, en la fête de l'Epiphanie de Notre-Seigneur.

P.-S. — La lettre qu'on vient de lire était écrite lorsque les journaux nous ont apporté deux documents de la plus haute importance.

1° Reprenant un décret rendu le 29 janvier 1914 par la S. Congrégation de l'Index, avec l'approbation de Pie X, mais dont ce grand Pape avait voulu retarder la publication, le Saint Office a condamné, le 29 décembre dernier, sept ouvrages de M. Ch. Maurras et la revue bi-mensuelle l'*Action Française*. A cette liste, Sa Sainteté le Pape Pie XI a ajouté le journal quotidien du même nom.

Les ouvrages prohibés sont : *Le Chemin de Paradis, Anthinéa, Les Amants de Venise, Trois Idées politiques, L'Avenir de l'Intelligence, La Politique religieuse, Si le coup de force est possible.*

2° Le Saint-Père a expliqué, le 5 janvier, dans une longue lettre à S. Em. le cardinal Andrieu, arche-

vêque de Bordeaux, comment les décisions de Pie X,
à laquelle Benoit XV avait adhéré, sont restées jusqu'à présent inconnues.

Notre *Semaine catholique* reproduit aujourd'hui
même le Décret et la Lettre.

De l'un et de l'autre résultent quatre conséquences :

1) Il n'est pas juste de mettre en opposition le
Pape Pie X et le Pape Pie XI. L'enseignement de celui-ci sur les doctrines des chefs de l'Action Française est le même que la doctrine de celui-là.

2) L'explication des faits récents par des motifs
politiques est fausse. Pie XI continue Pie X et Benoît XV. On ne peut supposer que ces trois Pontifes
auraient émis sur des matières aussi délicates le
même jugement, s'ils s'étaient inspirés d'autres sentiments que l'amour de la vérité et des âmes.

3) Le journal l'*Action Française* est mis à l'Index
à cause de l'attitude prise par ses rédacteurs. Le
Saint-Père fait entendre que l'interdiction sera levée
si les rédacteurs se soumettent.

4) Il est bien clair que tous les catholiques, prêtres
et fidèles, qui ont adhéré à l'Action Française, doivent en *conscience*, cesser tout de suite leur abonne-
ment, se retirer de la Ligue, s'abstenir de la lecture
des livres prohibés par le Saint Office.

Nous espérons qu'ils comprendront et accompliront leur devoir, en dépit des déclarations déplora-
bles et véritablement scandaleuses qui ont paru, le
9 janvier, dans le journal l'*Action Française*, sous la
signature de M. Ch. Maurras.

Il y a longtemps que le Gallicanisme est mort,

personne n'essaiera de le ressusciter. Les circonstances sont difficiles et, pour beaucoup, douloureuses. Mais les paroles qui terminent la lettre de Pie XI au cardinal Andrieu sont empreintes d'une affection si paternelle qu'il semble impossible à de sincères et loyaux enfants de l'Eglise de ne pas être touchés. Il faut l'union de tous les catholiques autour du Vicaire de Jésus-Christ. Elle se fera.

CHARLES-PAUL,
† *Evêque d'Agen.*

Agen, le 14 janvier 1927.

II

Pie XI et les jeunes gens [1]

Mes chers Amis, mes chers Enfants,

Saint Louis de Gonzague est le principal patron de
la jeunesse chrétienne. Ainsi en a décidé, le 22 novembre 1729, le Pape Benoît XIII. A notre époque
deux souverains Pontifes ont déclaré avec une particulière insistance qu'à votre âge le modèle par ex-
cellence, comme le protecteur le plus puissant, était
cet ange de pureté, ce courageux adolescent, qui
n'avait redouté aucun effort pour franchir en un
petit nombre de jours les étapes de la sainteté.

Léon XIII en 1891, Pie XI l'an passé, se sont ex-
primés de la sorte et c'est la volonté ardente d'obéir
au Chef de l'Eglise qui vous réunit dans ma cathédrale. On vous a parlé déjà du deuxième centenaire
que nous célébrons aujourd'hui; je ne traiterai pas

---

(1) Paroles adressées par S. G. Monseigneur l'Evêque d'Agen
aux jeunes catholiques de sa ville épiscopale, le dimanche,
6 février 1927, dans l'Eglise Cathédrale, à l'occasion du
2e centenaire de la Canonisation de Saint Louis de Gonzague.

ce sujet, mais très heureux d'une si belle fête, et me donnant la grande joie de m'entretenir quelques instants avec vous, je vous dirai, à l'occasion d'un discours récent, que le Pape vous aime et qu'il compte sur votre attachement filial, sur votre généreux dévouement.

I

Il a eu plusieurs fois l'occasion de manifester l'amour paternel que vous lui inspirez. Si le prestige et l'audace croissante de certains hommes attirent son attention sur des doctrines et des méthodes de plus en plus vantées, c'est à cause des périls qu'elles font courir aux catholiques, à vous surtout. Le Saint-Père craint pour vous un entraînement, un enthousiasme excusables sans doute mais inconsidérés et dangereux, il désire que vous pensiez sainement et combattiez sous la conduite de chefs dignes de votre vocation chrétienne.

Ecoutez ses douces paroles; il les a adressées le jour de l'an à ceux de vos camarades qu'avait amenés à Rome l'anniversaire glorieux de la canonisation du cher saint. Je vous en citerai quelques-unes. Et d'abord le Pape l'affirme très nettement : « Toute la jeunesse nous est chère parce qu'elle est chère au Cœur de Notre-Seigneur ». D'où vient cette belle prédilection du Maître et de son Vicaire? La poésie et l'éloquence ont souvent chanté le printemps de la vie, mais d'autres motifs inclinent vers les jeunes le Christ et le Pontife souverain. Comme son Maître adorable, le Pape aperçoit en vous l'avenir, il sait que si les germes de vigueur, d'intelligence, de vertu que la nature et la grâce ont déposés au plus intime de vous-mêmes, donnent leurs fruits, d'admirables progrès seront réalisés là où vous agirez. Depuis la fin de la grande guerre, tant de problèmes ont été posés, tant de troubles, conséquences inévitables de cet horrible bouleversement, menacent d'ébranler l'ordre social jusque dans ses bases, que nous avons un immense besoin de mettre nos espérances dans les hommes de demain. Pie XI éprouve ce sentiment avec une particulière intensité. L'œuvre à faire est difficile, raison de plus pour l'entreprendre, se mettre au travail et obtenir le succès. Or la puissance la plus capable d'assumer la tâche est l'Eglise, l'Eglise aimée, suivie, aidée par vous.

Mais êtes-vous prêts à remplir votre devoir? Il y a quelques semaines, un académicien nous dépeignait non sans tristesse ce qu'on appelle le jeune homme moderne, c'est-à-dire « égoïste, brutal et vaniteux, sans générosité, sans illusions, sans rêves, sans poésie, sans rien de ce que nous, les vieux, nous appelions la jeunesse ». Et après avoir achevé ce portrait réaliste, il s'écriait : « Faut-il croire qu'il n'y ait plus de jeunes gens? » (1)

Mes chers amis, cette question presque découragée, le Pape ne vous la fera pas entendre. Il a confiance en vous, il ne vous croit pas capables de refuser la mission que Dieu offre à votre vaillance. La lutte sera chaude, beaucoup d'entre vous subiront des blessures plus graves en un sens que celles dont vos aînés de 1914 et 1918 portent les nobles cicatrices, mais il vous connaît assez, vous les enfants de pères chrétiens, de mères pieuses, vous les fils de

---

(1) M. Doumic : *Rapport sur les prix littéraires*, décembre 1926.

l'enseignement libre ou des œuvres catholiques, pour être sûr qu'au premier appel, tous vous répondrez d'une voix mâle et résolue : présents!

II

Les visiteurs de Pie XI étaient venus de notre patrie. Je veux reproduire une seconde fois les augustes accents du Père de tous les fidèles. « Quant à vous il suffit de dire que vous êtes nos fils de France, de cette France qui est toujours si chère au Pape, au Vicaire de Jésus-Christ, quel que soit le nom qu'il porte, quel que soit le moment où il occupe le Siège de Pierre... » Et, peu d'instants après, il ajoutait : « Vous direz à tous, partout, à tous ceux que vous rencontrerez, combien nous aimons toujours et surtout à présent la France. »

Hélas! mes chers amis, au moment où notre Père vénéré parlait un tel langage, on ne craignait pas d'écrire, et depuis on n'a pas cessé de répeter, que le Pape était dominé — le mot n'est pas trop fort — par une coterie germanophile et à tel point que l'effort de sa diplomatie avait pour but l'introduction d'un « pacifisme internationaliste » (1) et même selon d'autres la prépondérance européenne de l'Allemagne et l'abaissement de la France.

C'est devant vous, enfants, jeunes gens, que je veux protester de toutes mes énergies d'évêque français contre ces abominables calomnies.

Mon indignation et ma douleur ne sont pas moins vives lorsque je lis dans un journal condamné le

(1) Adresse des étudiants bordelais d'A. F. à M. Ch. Maurras.

29 décembre 1926 que, par cette mise à l'Index « indiscutablement politique, le peuple français est invité à ignorer une menace directe contre sa vie, son territoire et ses biens ». (1) Et, dans ces mêmes colonnes, j'ai lu qu'un de nos archevêques (2), dans une circonstance récente, avait cédé à la pression de l'étranger. L'étranger c'était le Pape. Le Pape traité d'étranger par un catholique, aux applaudissements de Français, de jeunes gens français! Est-ce possible? Ah! que Dieu juge ceux qui tiennent un pareil langage, profèrent de tels blasphèmes!

Le patriotisme est une vertu que l'Eglise a toujours enseignée à ses fidèles et dont partout et dans tous les temps le clergé catholique a donné le plus noble exemple. Sans doute, des rapports de mutuelle dépendance se forment de plus en plus entre les peuples, mais cette nécessaire fraternité qu'il serait impossible au Pape de ne pas proclamer, ne peut nuire en aucune façon au culte de la patrie. Jamais notre amour pour la France ne nous rendra suspects au Pape de Rome.

L'Eglise est la gardienne de la vertu, donc de la justice. Or il est juste que les conventions internationales soient observées par les Etats qui les ont signées. Comment le représentant le plus vénérable de Dieu accepterait-il le mépris de la parole jurée? Comment le Pontife dont les prédécesseurs ont tant de fois flétri la violation de leurs droits par des envahisseurs sans scrupules, accorderait-il sa protection

---

(1) « Action française » : *Pour baillonner les patriotes français*, 27 janvier 1927.

(2) Mgr. de la Villerabel, archevêque de Rouen, lors de l'incident Schwerer.

à une puissance qui essaie par tous les moyens de se soustraire à ses solennels engagements?

L'Eglise aime, recommande, propage la paix. Mais le maintien de la paix dans le monde civilisé sera toujours précaire si un empire ne cesse de prétendre à une sorte d'hégémonie universelle. Pie XI s'est élevé dans sa première Encyclique, le 23 décembre 1922, contre l'excès commis par certains nationalistes; « ils oublient alors, disait-il, non seulement que les peuples, en tant que parties de la grande famille humaine, sont liés entre eux par la fraternité et que les autres nations ont aussi le droit de vivre et d'aspirer à la prospérité, mais ils oublient encore qu'il n'est ni utile ni expédient de séparer l'utile de l'honnête, *car la justice élève les nations*, et le péché rend les peuples misérables. (Prov. XIV, 34.) Cherchez ceux à qui s'adressent ces reproches.

Ne prendrait-il donc que les intérêts du bien général, le Pape ne pourrait pas ne pas aimer la France. Non, non, chers jeunes gens, en obéissant au Vicaire de Jésus-Christ vous ne cesserez pas d'être de très bons patriotes. Regardez du côté de la frontière, démasquez ceux qui par leur pacifisme coupable exposent la France a de nouveaux 1914. De cela le Pape ne vous blâmera pas, au contraire, votre clairvoyance et votre courage attireront sur vous ses bénédictions, l'Eglise n'approuve nulle part l'imprudence et la lâcheté.

III

Pie XI souhaite que toute la jeunesse de France soit catholique. Celle qui porte ce nom reçoit en effet ses louanges. Savez-vous de quelles épithètes il se plaît à la décorer? Il la qualifie de « belle, bonne, fière, généreuse ». Ah! le séduisant portrait! Est-il ressemblant? Je le crois; qu'il le devienne toujours davantage.

Notre jeunesse catholique est belle, car à vingt ans, sous la morsure de tentations de toute sorte, livrer son esprit aux vérités austères et mystérieuses de la foi, son cœur et sa liberté aux inspirations de la grâce, c'est méritoire et donc c'est beau. Rien non plus ne saurait mieux justifier nos espérances dans notre avenir national, encore une fois c'est beau.

Notre jeunesse catholique est bonne. Le mal lui fait horreur. Elle hait d'abord l'hypocrisie, la déloyauté, la couardise. Puis à ses yeux il n'y a pas deux morales, l'une privée ou familiale, l'autre sociale ou politique. Sa vie, quelques formes qu'elle prenne, sait être pure. Elle pense, avec le Saint-Père, oracle de la vérité, qu'ils ne sont jamais utiles et qu'ils deviennent parfois nuisibles à la religion, malgré la résolution de la défendre, ainsi que le prouve l'histoire, ceux qui ne pratiquent pas les vertus chrétiennes (1). Votre armée déclare donc la guerre au péché; accomplir son devoir par obéissance à Dieu, voilà votre idéal et voilà pourquoi la jeunesse catholique française est bonne.

Elle est fière. Au lieu de s'enorgueillir de succès frivoles, d'audaces insensées, parfois même de honteuses débauches, elle se glorifie d'aimer Dieu et le Christ, de porter noblement le drapeau de l'Eglise. Ne lui demandez jamais de s'abaisser par des compromissions où sombre l'honneur outragé, n'atten-

____

(1) Lettre de Sa Sainteté à l'occasion du deuxième Centenaire de la canonisation de Saint Louis de Gonzague.

dez pas qu'elle soit assez lâche pour avilir sa dignité chrétienne et souiller sa conscience. Nulle part on n'est plus modeste mais aussi plus fier que dans les rangs de notre jeune milice.

Enfin la jeunesse catholique française est généreuse. Pour rester fidèle à ses principes, il lui est nécessaire de pratiquer l'esprit de sacrifice. Elle se soumet sans hésiter à cette grande loi. Pie XI a récemment béatifié les victimes de septembre 1792. Ne vous étonnez donc pas s'il déclare saluer en ses visiteurs du 1er janvier les fils des martyrs. Ne soyez pas non plus surpris, lorsque après avoir prononcé un si magnifique éloge, il s'abandonne aux doux espoirs que j'ai déjà signalés. « Nous avons la plus solide confiance, dit-il, que l'excellente jeunesse catholique de France sera non seulement toujours avec nous, mais qu'elle s'y trouvera toujours en première ligne... » Aucun de vous, mes chers amis, ne voudra infliger à son Père un cruel démenti.

*
**

Le 2 septembre 1912, un jeune homme, déjà littérateur distingué, Amédée Guiard, mort depuis au champ d'honneur, écrivait sur le carnet intime qu'on vient de publier, quelques phrases émouvantes. Il avait été captivé par la doctrine du Sillon. Voici comment il formula son obéissance dès la publication de la lettre du Pape Pie X : « Je veux, ô Esprit saint, signer moi-même cette Encyclique qui me condamne, afin de méditer dans l'humilité et le silence et me pénétrer sans révolte des vérités qu'elle contient. » Quel admirable exemple!

Encore un petit nombre de jours, et je serai, je

l'espère, mes chers amis, aux pieds du Souverain
Pontife, l'année 1927 étant celle où les Evêques français doivent rendre compte au Pontife suprême de
leur administration. J'ai toujours aimé les œuvres
auxquelles vous appartenez; avant ma promotion
à l'épiscopat, je leur ai donné une grande part de
mon ministère; aussi dès mon arrivée à Agen, plusieurs ont-ils dit et répété que je serais, que j'étais
l'évêque des jeunes. Ce que je leur apparus alors, je
le suis toujours. Donnez-moi, mes chers enfants, une
des consolations les plus douces que mon âme puisse
goûter, en me prouvant par votre attitude et vos actes
que je peux offrir au Saint-Père l'hommage très sincère d'une jeunesse entièrement soumise à ses directions, fidèlement attachée à son cœur.

III

Au retour de Rome [1]

———

Mes chers Directeurs,

J'arrive de Rome; les deux entretiens que, dans sa bonté si vraie, donc si affectueuse, le Saint-Père a daigné m'accorder, ont profondément ému mon âme. Il ne m'est pas possible de garder mes impressions pour moi. Je veux les communiquer à mon diocèse. Par vous j'atteindrai facilement le cœur de mes prêtres, de mes fidèles aussi. Et sans nul doute la lumière se fera dans quelques esprits agités peut-être, dans des consciences certainement anxieuses.

Ce que j'ai admiré le plus en écoutant le Pape, c'est le calme parfait de son regard et de sa parole, c'est la foi sereine qui l'anime, la clarté et la fermeté avec lesquelles il expose la doctrine, enfin quelque chose de doux, de confiant, de paternel qui apaise, réconforte et séduit.

Je vais essayer de résumer brièvement, mais d'une

[1] Lettre de S. G. Monseigneur l'Evêque d'Agen à MM. les directeurs de la *Semaine Catholique* de son diocèse et de la *Croix de Lot-et-Garonne*.

manière exacte, les déclarations que, le 19 février, Sa Sainteté a bien voulu me faire entendre au sujet de la grave question du jour. Voici, non pas tous les mots, mais les idées que j'ai pu saisir au passage et graver dans ma mémoire.

On se trompe fort si l'on croit le Vatican inaccessible au mouvement des opinions et des discussions qui divisent les Français. Le Pape est d'autant mieux informé que les renseignements lui viennent de tous les côtés. Aussi bien est-ce en pleine connaissance de cause qu'il a pris ses récentes décisions. Dans certains cas il faut qu'il s'en rapporte à d'autres que lui-même; les circonstances présentes étant particulièrement graves, il s'est fait un devoir de juger seul et de se réserver l'entière responsabilité de ses actes. Me sera-t-il permis de l'ajouter, partout à Rome on affirme qu'en effet, le Pape n'a subi dans cette affaire aucune influence et que la condamnation de l'*Action Française* est son œuvre personnelle, exclusivement personnelle.

Pie XI reconnaît à chacun la liberté de choisir tel ou tel système politique, pourvu qu'on respecte les principes de la morale chrétienne. Seulement lorsque la politique fait incursion dans le domaine de l'Eglise, il faut que celle-ci s'en occupe, mais c'est alors pour revendiquer le respect de ses droits, sans s'inféoder à une école quelconque. Jamais en effet la défense de la religion ne doit être confondue avec les intérêts d'un parti.

Comme je faisais allusion au prétendu conflit entre l'obéissance au Saint-Siège et l'accomplissement de nos devoirs civiques, le Souverain Pontife m'a recommandé de dire qu'il lui était très pénible d'avoir à répéter ce qu'il avait tant de fois et si clairement expliqué. Ce conflit ne pourrait au reste se produire que pour des catholiques qui confondraient et identifieraient les intérêts de la religion et de la foi avec ceux de leur parti.

On est dans l'erreur si l'on dit que le Pape n'aime pas la France. Que de témoignages d'affection ne nous a-t-il pas donnés depuis son avènement! Chaque jour il réserve à notre patrie une place toute particulière dans le memento de sa messe. Ce qu'il a fait lui a été inspiré, non pas seulement par le souci de la cause de l'Eglise, mais bien plus encore par le désir de sauvegarder pour l'avenir les intérêts religieux de la France. Il ne nous demande nullement d'ailleurs d'oublier les leçons de l'expérience. Hélas! il est probable, même sûr, qu'il y aura encore des guerres. Le nationalisme excessif qui se développe jusque dans les plus petits pays sera toujours une menace, il deviendrait aisément l'occasion de nouveaux recours aux armes. Mais en père qu'il est, le Pape ne pourra jamais rester que le défenseur de la paix dans le Christ, d'une paix faite du respect de la justice, et de la pratique de la charité.

Je n'ai pu m'empêcher de supplier le Saint-Père de se montrer clément envers les nombreux catholiques de bonne foi qui croient pouvoir lui refuser une soumission coûteuse sans doute, à cause de leur passé, mais nécessaire et très bienfaisante. « Oh! m'a-t-il répondu, avec un bon sourire, je n'ai pas besoin de pardonner, ces choses-là ne m'atteignent pas; s'il ne s'agissait point de la religion, du bien des âmes, de l'honneur de l'Eglise et du représentant de Jésus-Christ, je n'y trouverais pas matière à absolution. Je n'ai pour mes fils de France, a-t-il conclu, que des prières, de l'affection et de l'indulgence. »

En vous répétant ces augustes paroles, je sens un espoir naître dans mon cœur. La France catholique m'apparaît dans un avenir prochain, plus vigoureuse et plus vaillante que jamais, grâce à l'union de tous ses enfants autour du vicaire de Jésus-Christ, union issue de sacrifices méritoires, de confiance dans les conseils du Père commun des pasteurs et des fidèles, causée aussi par la charité fraternelle. Sur le terrain religieux la lutte contre l'esprit laïque sera désormais plus efficace, parce que mieux ordonnée; dans les sphères politiques chaque parti continuera, par une action parallèle à celle des autres, mais distincte, la lutte contre l'œuvre de désorganisation intérieure et d'abaissement au dehors qui expose notre patrie à la ruine.

Avant de me congédier, vendredi dernier, lors de ma seconde audience, Pie XI m'a recommandé de faire beaucoup prier pour lui. Tous les prêtres et tous les catholiques de mon diocèse accompliront avec un sentiment très filial ce devoir, l'un de ceux qui leur sembleront aujourd'hui les plus nécessaires et les plus doux.

Je vous renouvelle, mes chers Directeurs, l'assurance de mes sentiments paternels en N. S.

Agen, le 2 mars 1927.

† CHARLES-PAUL,
Evêque d'Agen.

IV

Fidélité française au Pape [1]

Mes jeunes Amis,

J'aime vos assemblées fraternelles, vous y puisez
toujours la lumière et le courage, et quelques sujets
que traitent vos orateurs, deux faits vous apparais-
sent très clairs, l'un que vous êtes une force, l'autre
que cette force a sa source dans votre obéissance
sincère et cordiale à la hiérarchie catholique, à vos
évêques, avant tout au Souverain Pontife.

Voilà pourquoi, après avoir entendu disserter fort
à propos sur la conscience professionnelle, me semble-t-il bon de vous dire ce que la soumission à l'autorité de l'Eglise exige de vous dans les circonstances
présentes. Je ne saurais prononcer de paroles plus
utiles à vos âmes.

I

J'entends répéter depuis plusieurs mois des maxi-

(1) Discours prononcé par S. G. Monseigneur l'Evêque
d'Agen, le 27 mars 1927, dans l'Eglise Notre Dame de Marmande, à l'occasion du Congrès diocésain de l'A. C. J. F.

mes comme celle-ci : Quand le Pape ne parle pas en docteur infaillible, on n'est pas tenu de croire ce qu'il enseigne. Ou encore : la sphère politique n'est pas la sienne, sur ce terrain-là toute liberté appartient aux catholiques.

Que faut-il penser de ces affirmations et d'abord de la première?

Le chef visible de l'Eglise jouit du privilège de l'infaillibilité lorsqu'il promulgue *ex cathedra*, c'est-à-dire en tant que pasteur suprême une vérité dogmatique ou morale qui doit être crue par tous les fidèles; suit-il de ce fait que dans ces seules occasions le Saint-Esprit lui prête assistance et donc l'éclaire?

Assurément non.

L'esprit de Dieu dirige toujours le Pape; sans doute les circonstances où nous sommes absolument sûrs que cette assistance écarte toute possiblité d'erreur sont rares, mais aucune raison ne nous permet de penser que de tels cas mis à part, le successeur de Pierre se trompe aussi facilement que les autres hommes. Pour justifier un pareil jugement, il faudrait que malgré la conscience de sa responsabilité, malgré son âge, ses vertus et les nombreux moyens qu'il a de se renseigner, le Père commun des pasteurs et des fidèles résistât à la grâce divine. Supposition outrageante d'abord, puis invraisemblable et bien audacieuse de la part de ceux qui ont le devoir non de diriger l'Eglise mais de lui obéir.

Pour plus de précision, on a cité l'exemple que voici : La soumission la plus sincère ne peut obliger de déclarer noir ce qui est blanc. Encore une fois, quelle absurde idée du magistère pontifical implique cette extraordinaire objection! Comment supposer possible que le Pape viole ainsi le bon sens? Obéissez donc, la simple prudence vous en fait un devoir rigoureux. J'arrive à la seconde objection.

Le pouvoir d'un être créé, fût-il assis sur la Chaire apostolique, nous rappelle-t-on, a des limites. C'est indiscutable. A l'Eglise la théologie, à César la politique. Fort bien, mais entre les deux se déroule le champ très vaste des matières mixtes. Sera-ce aux puissances laïques de fixer les bornes que dans ce domaine le Chef suprême de notre religion ne devra jamais dépasser? Alors vous subordonnez ce qui vient de Dieu, c'est-à-dire la Papauté, à ce qui est d'ordre purement humain. La raison suffirait-elle à vous guider ici? Nullement; la plupart du temps elle hésitera entre deux solutions contraires. Il faut qu'une autorité sûre résolve ces problèmes complexes, ce sera celle du Pape. Pie XI seul a le droit de dire aux catholiques: ici commence votre liberté, mon Maître divin ne m'a pas donné mission d'étendre plus loin l'obligation de votre obéissance.

Telle est la doctrine sur ce point très grave de théologie; il faut ignorer son catéchisme ou bien être aveuglé par la passion, si l'on croit rester catholique en adoptant d'autres principes.

Ajoutons que le Pape joint à son magistère intellectuel une autorité disciplinaire à laquelle il est strictement nécessaire de se soumettre, sauf le cas chimérique où le Vicaire du Christ commanderait ce que le Christ lui-même défendrait. La loi de l'Index que dans la circonstance on interprète avec tant de légèreté impose des devoirs auxquels nul ne peut se soustraire sans une dispense émanant directement ou indirectement du Pape.

N'est-il pas douloureux qu'à notre époque de lutte contre les ennemis de Dieu, nous soyons contraints de rappeler à nos troupes des vérités aussi simples, tellement importantes que les méconnaître serait exposer nos efforts aux pires insuccès?

II

Mais dans les circonstances présentes, quelles sont les intentions du Souverain Pontife? Pourquoi a-t-il pris les décisions contre lesquelles tant de Français osent protester?

Pie XI demande à ses fils de ne pas mêler à leurs opinions politiques des doctrines incompatibles avec la religion qu'ils professent, d'éviter aussi les violences de langage ou d'action, méthodes évidemment condamnées par l'esprit de l'Evangile et la tradition de l'Eglise.

De recourir à des procédés blâmables, les partisans de l'Action Française ne s'excusent point, ils ne prêtent qu'une attention distraite aux reproches que mérite leur dédain de la charité, et je peux ajouter de la justice, mais ils se défendent constamment de la première accusation.

Et voici une de leurs réponses :

On peut collaborer dans l'ordre politique avec des hommes dont on n'admet ni les dogmes, ni la philosophie. Ce qui le prouve c'est que des catholiques notoires ont donné leur adhésion active à des groupements dirigés par des libres-penseurs, sans avoir jamais reçu la moindre admonestation de l'autorité ecclésiastique.

Essayons de jeter un peu de lumière sur ce raisonnement spécieux, il est vrai, mais faux.

Vous désirez combattre efficacement les sectaires au pouvoir. Il vous semble que le moyen le plus sûr est de vous faire inscrire parmi les membres de tel parti dont le christianisme se borne à réclamer la liberté pour tous, la liberté religieuse par conséquent. Si vous vous contentez d'une simple alliance on peut discuter certaines de vos démarches, il est possible qu'une attitude plus ferme fût préférable et en tout cas plus noble, mais enfin ce sont là des questions d'opportunité comme il s'en présente très souvent dans la vie publique. Si, au contraire, dépassant ces limites, vous donnez votre appui à des systèmes plus ou moins laïques, comme le faisaient jadis nos sillonnistes; les condamnations portées par les Papes contre le faux libéralisme et le modernisme dogmatique ou social vous atteindront tout droit.

En d'autres termes, l'Eglise ne veut pas que ses enfants appartiennent à une école de philosophie, de morale ou de politique fondée sur des principes qu'elle rejette. C'est précisément le fait de l'Action Française, car son principal chef, celui qu'on appelle le maître, pense à l'aide d'idées dont plusieurs, les plus intimes, celles qui dirigent les autres, sont absolument antichrétiennes. Or il est impossible que ce paganisme n'exerce pas une influence néfaste. « Il ne suffit pas, écrit un théologien, éminent celui-là, de juxtaposer à une construction païenne un temple chrétien, il faut que la philosophie, comme la morale, soit pénétrée par l'action de Dieu et orientée vers lui. » (1) Pourquoi? Parce que l'homme n'a pas deux destinées, parce que la vie présente est la préparation de l'éternité, parce que si l'on a le bonheur de croire, la logique oblige à mettre ses théories poli-

____

(1) R. P. Lebreton : *Etudes*, 5 février 1927, p. 271.

tiques et sociales en accord avec les grandes vérités religieuses, en sorte qu'on ne conçoive pas un ordre public indépendant de la fin suprême vers laquelle tout en ce monde doit nous conduire.

Ah! si l'école d'Action Française inculquait à ses adeptes de pareils enseignements, nous ne les verrions pas s'insurger contre l'autorité du Vicaire de Jésus-Christ, sans même s'apercevoir de la faute grave qu'ils commettent, sans prendre conscience du tort que leur rébellion cause également aux intérêts de la religion et à ceux de la France!

Oui, l'honneur de notre foi exigerait qu'en 1927 comme en 1906, lors de la séparation de l'Eglise et de l'Etat,. le monde entier pût constater qu'en France les catholiques, pour obéir au Pape, n'hésitent jamais devant le sacrifice et qu'il n'y en a chez aucun peuple de plus loyaux, de plus courageux, de plus fidèles. Oui, l'honneur de notre foi exigerait que les sectes, admirant malgré elles notre cohésion, notre esprit de discipline, eussent peur d'une force aussi unie. Mais nous sommes divisés; et puisque nombre d'entre nous préfèrent à leur chef spirituel les pontifes laïques d'un système politique, nos adversaires nous ayant toujours accusés de ne défendre la religion que pour détruire la république, pousseront encore le cri de ralliement au son duquel ils ont engagé tant de batailles : le cléricalisme, voilà l'ennemi.

III

Pourquoi la révolte fait-elle tant de ravages chez ceux que nous avions la joie de compter depuis longtemps parmi les auxiliaires de notre zèle?

Si pénible que ce soit, il ne faut pas craindre de le dire : l'orgueil, principale cause de toutes les hérésies et de tous les schismes, exerce ici sa pernicieuse influence. On n'accepte jamais sans souffrance le blâme de Rome, surtout si l'on affiche la prétention de la défendre mieux que personne. Dans le cas présent cette peine s'accroît d'une humiliation douloureuse. Les dirigeants de l'Action Française se croyaient sincèrement en possession exclusive des principes essentiels à la restauration chrétienne du pays. Avec quel dédain ne traitaient-ils pas les chimères dangereuses et les erreurs néfastes auxquelles leurs adeptes pouvaient seuls échapper!... Libéraux, sillonnistes, modernistes, ces qualificatifs et bien d'autres encore désignaient les catholiques assez pervers ou assez inintelligents pour ne pas entrer dans l'unique parti capable de sauver la France de Charlemagne et de saint Louis. Se voir à son tour condamné par la plus haute autorité du monde, s'entendre appliquer les épithètes malsonnantes qu'on a tant de fois jetées à la face des autres, c'est dur; ni les maîtres ni les disciples ne se résignent à d'aussi cruelles déconvenues.

Une seconde cause, non la moindre, ne serait-ce pas l'affaiblissement du sens catholique dans beaucoup d'âmes? Au sincère et dévoué enfant de l'Eglise, le Pape apparaît comme le vrai et propre représentant de Jésus-Christ. Quand on a une foi profonde, une foi éclairée, réfléchie et vivante, il est impossible de ne pas aimer le Pontife souverain, quelque nom qu'il porte, du même amour que l'adorable Sauveur. Séparer le Vicaire de son Maître, oh! non, l'idée n'en viendrait pas à l'esprit; et si par hasard elle essayait de s'y introduire, ce serait pour être repoussée aussi vite qu'une tentation malsaine. Mgr Bougaud écrivait, il y a plus de quarante ans, un beau chapitre sur la piété envers le Pape (1). Le mot n'était pas trop fort, car depuis le Concile où sombra le Gallicanisme, nous nous faisons gloire en France de professer pour le prisonnier du Vatican un véritable culte. La lecture d'écrits politiques qu'on transformait en pages d'Evangile avait peu à peu détourné les esprits et les cœurs du mouvement imprimé à la vie catholique française par le magnifique élan de 1870. S'il n'en avait pas été ainsi, la soumission à Pie XI serait-elle très difficile?

Je signale une troisième cause se rattachant d'ailleurs à la seconde et la complétant. Sous l'empire de différents motifs, beaucoup de nos amis s'étaient livrés en quelque sorte à leurs nouveaux chefs. Or il n'est jamais bon d'abdiquer à ce point l'indépendance de son jugement. Persuadés qu'en fait, non pas en droit, tels ou tels personnages ne se trompaient jamais, persuadés en outre qu'une discipline inviolable était la condition unique du succès, ils acceptaient tout sans contrôle. Je n'exagère point en disant qu'ils ne pensaient plus que par les idées que chaque jour ils puisaient dans leur journal, idées affirmées avec l'assurance d'une certitude absolue, idées présentées sous mille formes diverses tout en restant immuables, idées sur lesquelles on insistait si souvent et d'une manière si vigoureuse, qu'il fallait s'en imprégner jusqu'au fond. L'histoire offre peu d'exemples d'une maîtrise aussi impérieuse que des hommes aient été heureux de subir sans réserve.

L'explication dernière des événements actuels est

(1) *Le Christianisme et les temps présents*, t. IV.

là. Pie XI a raison de rappeler à des croyants que Dieu et ses représentants directs ont le privilège de gouverner les âmes. De ce droit, aucune créature ne jouit à ce point sans commettre une manifeste usurpation.

*
* *

J'ai voulu vous dire ces choses, chers jeunes gens, parce que c'est de vous que le Souverain Pontife se préoccupe le plus. Lorsqu'il m'a accordé, le mois dernier, de nombreuses bénédictions, après avoir nommé avec un sentiment très paternel mes Séminaires, il m'a parlé de vous.

Il attend par conséquent une soumission que d'ailleurs vous lui avez déjà donnée, j'en suis sûr. Comment faut-il lui obéir ? Ecoutez ce que, le 18 novembre 1912, Pie X disait aux prêtres de l'Union apostolique. Ces paroles décrivent très exactement l'attitude que vous devez prendre.

« Quand on aime le Pape, on ne discute pas ce qu'il ordonne et exige, ni jusqu'où doit aller l'obéissance, ni en quelles choses on doit obéir; quand on aime le Pape, on ne dit pas qu'il n'a pas parlé assez clairement, comme s'il était obligé de redire à l'oreille de chacun la vérité qu'il a tant de fois exprimée non seulement de vive voix, mais par des lettres et des documents publics. On ne met pas en doute ses ordres sous le prétexte facile à ceux qui ne veulent pas obéir, que ce n'est pas le Pape qui commande, mais son entourage; on ne limite pas le terrain sur lequel il peut et doit exercer son autorité, on ne préfère pas à l'autorité du Pape celle d'autres personnes si doctes soient-elles, qui ne pensent pas comme le Pape, car ces personnes, si elles sont doctes ne sont pas saintes. »

Saint, il l'était Pie X, non seulement par sa dignité et ses fonctions, mais par sa vie. Ajouterai-je qu'il lui arrivait de parler en prophète? Le texte que je viens de vous lire m'y autoriserait peut-être, car dans ses moindres détails il s'applique aux circonstances présentes. Quoi qu'il en soit, les caractères de l'obéissance sont immuables, et ceux de la révolte ne changent pas non plus, parce que les causes qui les produisent demeurent essentiellement les mêmes. Faites votre choix, mes chers amis, et qu'avec vous tous les vrais catholiques se décident. Ce choix sera d'être pour Pie XI les fils respectueux, dociles et aimants que quinze ans plus tôt Pie X demandait aux catholiques militants de rester fièrement ou bien de noblement devenir.

Vains motifs de résistance

J'ai voulu, il y a quatre mois environ, vous exposer les erreurs que venait de condamner le Souverain Pontife. Mais l'agitation entretenue tous les jours par un journal que vous n'avez pas le droit de lire, empêche ou du moins retarde la soumission filiale de plusieurs d'entre vous. Vous éclairer et venir en aide à la détresse de vos âmes est l'un des plus chers devoirs d'un Evêque. Voilà pourquoi je reprends aujourd'hui la plume. J'ai bien fait entendre, le 6 février, du haut de la chaire de ma cathédrale et le 27 mars, dans l'église paroissiale de Marmande, quelques paroles utiles, il me semble, sur les grandes questions qui nous divisent. Cela ne suffit pas, car vous multipliez les plaintes, les protestations, vous vous dites étonnés, froissés, indignés. Les explications que je vous propose sont, je crois, très justes; je vous demande de les lire avec toute votre droiture d'esprit, tout votre amour de la vérité et du bien. La grâce de Dieu, espérons-le, achèvera l'œuvre de lumière et de paix.

Si je ne me trompe, vos difficultés sont au nombre de quatre. 1° Le Pape abuse de son pouvoir, puisqu'il s'introduit dans un domaine qui n'est pas le sien; 2° Ses censures visent des doctrines complètement étrangères à celles de l'Action Française; 3° En réalité les actes pontificaux n'ont qu'un seul but, et la poursuite de ce but uniquement politique s'oppose aux intérêts vitaux de la France; 4° Les procédés mis en œuvre contre vous ne s'accordent ni avec les règles de la justice ni avec la pratique de la charité. Donc, principes invoqués, objet visé, but qu'on veut atteindre, moyens dont on se sert, tout dans cette lamentable affaire, vous inspire les sentiments d'une légitime révolte. Vous êtes catholiques, vous entendez vivre et mourir en catholiques, votre résistance nécessaire n'est après tout qu'un signe d'attachement à la foi de vos aïeux.

J'ai examiné exactement vos griefs; j'entre tout de suite dans le vif de mon sujet.

I

Le Saint-Père, dites-vous, abuse de son autorité spirituelle. Reconnaissez-vous au Pape des droits sur la politique lorsque la défense de la religion et de la morale exigent son intervention? Oui; je ne pense pas qu'en théorie vous contestiez une vérité aussi claire. Toute la théologie vous condamnerait. Mais ce n'est pas ainsi que vous posez la question. Le 7 mars, le journal l'*Action Française* a publié la déclaration de l'Episcopat; dans le commentaire dont il fait suivre ce document, je lis des phrases comme celle-ci : « Les hommes que l'Action Française a rassemblés s'appliquent en commun à la même œuvre déterminée qui est celle du salut national. Ils s'y appliquent non exclusivement, mais énergiquement....., à aucun degré, dans aucune circonstance, cette tâche ne les induisit à envahir l'autre domaine, celui de la religion, qui n'était certes pas le leur. Quelle juste liberté existerait pour nous, quel exercice de notre monarchisme ne serait pas absolument annulé, si nous n'usions du droit de travailler par les seuls moyens efficaces, d'ailleurs amplement motivés, au salut et au relèvement de notre patrie? »

Ainsi donc vous ne commettez aucune faute contre l'Eglise, il ne s'agit nullement de votre foi de catholiques. On ne peut vous contraindre de prétendre que la politique est la même chose que la religion, car il vous faudrait nier l'évidence. Des rapports entre la religion et la politique existent, c'est vrai, mais rien ici n'oblige à s'en occuper. L'Action Française combat pour la France, ce n'est pas assez dire, elle est actuellement la seule force organisée, bien commandée, bien disciplinée, qui à l'intérieur ou au dehors soutienne la cause nationale. Un de nos cardinaux l'a écrit, elle se suiciderait si elle consentait à une soumission, vous ajoutez en aucune façon nécessaire (1). On n'a pas le droit de vous demander de trahir votre patrie, vous ne la trahirez pas.

Qu'opposer à des déclarations aussi fermes et qui, avouons-le franchement, paraissent raisonnables?

Je réponds d'abord qu'en effet le Pape ne peut pas vous défendre de sauver votre patrie, et qu'il ne vous le défendra jamais, mais en second lieu que votre erreur est de ramener toute l'affaire à une question

(1) Lettre pastorale de S. Em. le Cardinal Andrieu, archevêque de Bordeaux, pour le Carême 1927.

purement politique. Non pas en théorie, je le répète, mais en fait vous niez la puissance qui appartient au Pape, notre chef suprême, de fixer les limites de son magistère doctrinal. Lui déclare que c'est pour remplir sa mission qu'il vous condamne, vous, au contraire, vous ne craignez pas d'assigner à son pouvoir des bornes qui selon lui n'existent pas. Voilà le conflit, vous laïques, vous tranchez le différend, vous dites non quand le Pape prononce le mot oui; vous vous faites en une matière certainement ecclésiastique, supérieurs au Vicaire de Jésus-Christ.

Pour justifier de tels jugements, vous invoquez d'abord notre tradition nationale. Nos rois portaient le titre de très chrétiens, ils s'enorgueillissaient d'entendre les Papes décerner à la France le titre de fille aînée de l'Eglise. Le pouvoir temporel avait été l'œuvre de Pépin le Bref et de Charlemagne, en ce sens que tout au moins ces monarques furent les premiers à le proclamer nécessaire et à l'organiser régulièrement. Leurs successeurs le défendirent toujours, ce fut seulement au moment de nos grandes défaites de 1870 que Rome devint la capitale de l'Italie. Mais vous ne manquez pas de le faire observer, chez nous comme ailleurs, le pouvoir royal a été si jaloux de son indépendance, que plus d'une fois il s'est mis en garde contre ce qu'il appelait les prétentions exagérées de la Cour pontificale. Et vous refaites à votre manière l'histoire du gallicanisme, confondant le refus que Saint Louis adressa au pape Grégoire IX quand celui-ci crut devoir offrir la couronne impériale à Robert d'Artois (1) avec les indignes procédés de

____

(1) Grégoire IX avait excommunié l'empereur Frédéric II. Dans deux lettres à Saint Louis, il « chercha à convaincre le

Philippe de Bel, assimilant des attitudes purement politiques à votre résistance d'aujourd'hui.

Ce n'est pas assez, vous essayez de découvrir dans l'histoire contemporaine quelques faits analogues à ceux qui vous concernent. Le Centre allemand n'a pas suivi les directions de Léon XIII lors d'un débat mémorable; vous rappelez avec complaisance l'incident, mais si dans l'espoir d'obtenir la fin du Kulturkampf le souverain Pontife désirait que les membres catholiques du Reichstag votâssent certaines lois, il ne mettait en jeu ni son autorité doctrinale ni son pouvoir disciplinaire. C'était une simple attitude d'opportunité.

Vous voulez donc coûte que coûte nous obliger à considérer votre résistance comme simplement politique; vous n'y réussirez pas, car Pie XI ayant déclaré qu'il se tenait sur le terrain religieux, nous croyons à sa parole plutôt qu'à celle de vos chefs. Point d'hésitation possible : en matière de doctrine, il n'y a qu'un docteur souverain, le Pape.

Il convient d'examiner maintenant les conclusions à déduire des faits.

Est-il vrai que votre soumission entraîne la mort de votre parti politique? Je veux être d'une franchise absolue. Je crois que dans ce cas le maintien à votre tête de trois ou quatre de vos dirigeants actuels serait d'une très grande difficulté. Permettez-moi de vous le

roi de France de la culpabilité de Frédéric II et de la nécessité de le combattre », puis il offrit la couronne impériale à Robert d'Artois. Saint Louis était lié par des traités, il s'abstint de prendre les armes et refusa la proposition du Pape. Il ne s'agissait point là de doctrine, c'est évident. Cf. F. Mourret, *Histoire de l'Eglise. — La Chrétienté*, p. 504.

dire : dès le début de la crise, mais surtout depuis l'allocution consistoriale du 20 décembre, ces écrivains malgré leur supériorité intellectuelle, ont suivi une ligne de conduite diamétralement opposée à celle que leur indiquait la sagesse la plus élémentaire. Tous les jours depuis trois mois, ils élargissent et rendent plus profond le fossé qui les sépare de Rome; ils en ont fait un abîme. Pour qu'un accommodement devint possible, il faudrait une rétractation très nette, des promesses très fermes garanties par des actes. Jugez vous-mêmes si ces conditions-là pourraient être réunies un jour.

Mais enfin la maxime qu'il n'y a pas d'hommes nécessaires cesse-t-elle d'être vraie lorsqu'il s'agit de vous? Et d'ailleurs devons-nous croire comme on nous le répète que l'Action Française est l'unique rempart contre la franc-maçonnerie au dedans, contre les entreprises germaniques au dehors? Plusieurs parmi vous vont plus loin, ils affirment que leur ligue et leur journal sont les seuls organismes capables de combattre efficacement le laïcisme et la révolution. En somme, il n'y aurait que vous de bons français, de français avisés et courageux, de français remplissant leur devoir. Ne récriminez pas, je vous en prie. Quel est le sens de ce titre : *Fidélité française* sous lequel votre journal inscrit quotidiennement des protestations contre les décisions du Pape? Dans cette bizarre série de lettres où l'on voit des jeunes gens et des jeunes filles, même des collégiens, signifier à Pie XI qu'il outrepasse ses droits, faut-il donc trouver l'expression exacte et exclusive du patriotisme? Alors l'attachement à MM. Maurras et Daudet est la même chose que l'amour de la France? Ce sont là, convenez-en, des exagérations inacceptables, elles blessent profondément des cœurs très français quoique étrangers à votre parti.

En dehors de vous il y a tout de même de l'activité et du dévouement. Parlez-vous de la défense religieuse, on ne peut pourtant pas dire que, pendant les vingt dernières années surtout, l'Eglise de France n'ait rien fait d'utile pour revendiquer ses droits, instruire le peuple, former des générations croyantes et agissantes. Beaucoup de progrès sont désirables, mais dans tous nos diocèses on a travaillé sous l'impulsion et l'autorité des évêques, et cela n'a pas été sans de réels succès. La Fédération nationale catholique, à peine fondée, incarne nos espoirs; nous avons la ferme confiance que si l'esprit de discipline qui déjà y règne, s'affermit, par elle nous gagnerons peu à peu du terrain. L'œuvre sera longue; attendre une rénovation rapide, quelque chose comme un changement à vue, serait encore plus puéril que chimérique. L'essentiel est de préparer l'avenir.

Unis pour les bons combats de la foi, les catholiques recouvrent leur liberté en matière purement politique. Les ligueurs d'Action Française manquent-ils d'énergie? On les offenserait injustement à le dire. Le nombre et les ressources leur font-ils défaut? Pas davantage. Qui donc les empêcherait, même s'ils avaient le courage d'accomplir des sacrifices très pénibles à leur cœur, de se reconstituer sur des bases assez solides pour former de nouveau un grand parti? Je préférerais quant à moi qu'en France tous les honnêtes gens, royalistes et républicains, s'unissent autour d'un programme de restauration nationale et sociale car rétablir la monarchie semble très difficile, même fort peu probable, tandis qu'il y a encore dans notre France assez de consciences honnêtes pour qu'une vigoureuse et longue croisade en faveur des grands principes de justice, d'autorité et de liberté ne soit pas vouée nécessairement à l'insuccès.

Aimez-vous mieux néanmoins rester vous-mêmes? Que votre influence s'exerce parallèlement à celle de tous les partis que ne condamnent ni la raison ni l'Eglise. Au lieu de vouloir imposer votre prédominance comme si le monopole du patriotisme intelligent et efficace vous appartenait, prenez votre rang parmi les défenseurs de la bonne cause. Ainsi l'ordre se rétablira parmi les catholiques; nous serons unis là où nous devons l'être, et ailleurs nos divergences d'opinions n'engendreront pas la discorde, partant l'impuissance.

II

L'Action Française se plaint en second lieu d'être condamnée pour des erreurs que ses adeptes *catholiques* n'ont jamais ni enseignées ni professées.

J'ai cité tout à l'heure la réponse du journal à la Déclaration de l'Episcopat. Il sera instructif de recourir encore à ce document. « Nous sommes obligés, disent vos amis, chers catholiques, de signaler aux vénérables auteurs de la lettre que l'on maintient un sens mille fois dénié par nous aux formules « *nationalisme intégral* », « *politique d'abord* » et « *par tous les moyens.* » Nos explications n'ont jamais été faites pour les besoins de la cause. Elles datent de plus de vingt ans, elles font corps avec les formules incriminées. »

Voilà pour les principes admis par tous les disciples

de l'Ecole; quant aux fausses doctrines que contiendraient certains livres de M. Maurras et de quelques autres, jamais les catholiques de l'Action Française ne les ont un seul instant admises. Dans leur adresse du 8 septembre de l'an dernier à S. Em. le Cardinal Andrieu, je relève cette phrase : « Nous protestons donc de toutes nos forces contre ces accusations d'athéisme, d'agnosticisme, d'antichristianisme, d'anticatholicisme, d'amoralisme, de paganisme. Nous croyons tout ce que croit l'Eglise. »

Ainsi donc les erreurs que le Pape et les évêques réprouvent, à supposer que leurs accusations soient légitimes, engagent uniquement tel ou tel individu; en aucune circonstance elles n'ont exercé une influence quelconque sur l'Action Française, à plus forte raison les excellents catholiques dont celle-ci est fière d'admirer la fidélité, en ont-ils été, en sont-ils et en seront-ils toujours exempts.

Comment alors expliquer que le Saint-Père se soit complètement mépris sur ces faits éclatants? Rien de plus simple. L'archevêque de Bordeaux a commis l'imprudence très grave de se fier à des secrétaires renseignés par un journaliste belge, M. Passelecq, lequel est un faussaire sans scrupules. A son tour, Pie XI s'en est rapporté au cardinal Andrieu. On le voit, la genèse de l'affaire n'est pas compliquée. On ajoute d'ailleurs que la nonciature de Paris et l'entourage romain du Pape étant hostiles à l'Action Française, tout s'est réuni pour tromper le Souverain Pontife..

Fort bien, mais que penser de ce prince de l'Eglise qui entreprend une campagne grosse de terribles conséquences, sur des indications de deuxième ou troisième main? Il ne prend même pas la peine de vérifier l'exactitude des textes auxquels il applique les qualificatifs les plus durs? Et de quels hommes se compose donc la cour romaine? La première nonciature du monde catholique aurait été livrée à un prélat vindicatif, courtisan d'ailleurs du pouvoir sectaire qui nous gouverne. Autour du Pape s'agiteraient des personnages inintelligents ou passionnés ou, qui sait encore? vendus aux ennemis de la France. Quelle idée enfin devrait-on se faire du Pontife qui occupe le trône de S. Pierre? Sa crédulité n'aurait d'égale qu'une insouciance vraiment inconcevable de la part d'un pape, à moins qu'on ne le suppose imbu de préventions causées par une ignorance très répréhensible des choses.

L'Action Française s'indigne lorsqu'on lui reproche de manquer de respect envers le Saint-Père. Elle se vante d'observer les formes, mais sous ses phrases révérencieuses se cachent de graves outrages. Je regrette de le constater, seulement les faits parlent très haut, vous venez d'entendre leur langage.

Pie XI ne ressemble aucunement au portrait qu'on trace de sa personne. Parmi tous ses prédécesseurs, on n'en trouverait aucun chez qui l'esprit critique, le goût et l'habitude de l'information précise, le sentiment des responsabilités aient atteint un plus haut degré de perfection. Sa Sainteté a passé la majeure partie de son existence à fouiller des archives, Elle aime à se rendre compte par elle-même de toutes choses. Doué d'une extraordinaire puissance d'application, ce laborieux compulse lui-même les documents. Les matériaux ne lui manquent pas car, il me le disait le 19 février, au Vatican, les renseignements arrivent de toutes parts. Je tiens aussi de sa bouche qu'il a lu les œuvres complètes de M. Daudet;

tous les volumes de M. Maurras ont été l'objet d'une même étude a-t-il déclaré à d'autres évêques. Le Pape ne se presse jamais; quand, après avoir examiné, réfléchi et prié — je le lui ai entendu dire — l'heure vient de prendre une décision, il n'hésite plus et, selon sa propre parole, les responsabilités ne le font pas reculer.

Telle est la vérité.

Mais s'ensuit-il que de fausses interprétations ne puissent induire parfois en erreur le Pontife le plus scrupuleusement attaché à ses devoirs?

Il y a quelques jours, l'Action Française nous rappelait qu'après les massacres de la Saint Barthélemy, le pape Grégoire XIII s'était réjoui publiquement et avait, je crois bien, ordonné des prières d'actions de grâces. On lui avait en effet raconté qu'un complot contre la vie du roi de France venait d'être déjoué, il ne savait rien de plus. Encore une confusion. Des faits peuvent être toujours dénaturés, mais lorsque certaines doctrines contenues dans des livres que tout le monde peut lire, sont soumises au jugement du pape, c'est bien différent. Il n'y a aucune ressemblance entre le récit erroné d'un événement et la lecture d'ouvrages imprimés. Accepterait-on cette hypothèse émise par l'un des rédacteurs du journal, que peut-être on avait présenté à Pie XI de soi-disant exemplaires de l'*Action Française* rédigés tout exprès pour le tromper? La supposition serait un peu trop hardie, un peu trop invraisemblable.

Ni ces réflexions ni ces distinctions ne prouvent, objectera-t-on, que les doctrines imputées à l'Action Française soient dignes de réprobation. Ces erreurs là ne sont pas nôtres, avec l'Eglise nous les condamnons d'esprit et de cœur.

Vous avez grandement raison et je vous crois sincères. Veuillez cependant observer ceci: L'Eglise ne juge point les intentions, car Dieu seul peut scruter le fond des âmes; son magistère s'exerce sur les écrits et, dans les écrits, non pas sur l'interprétation que leur donnent les auteurs, mais sur le sens que présentent tout naturellement les mots et les phrases.

Les jansénistes ont eu bien des fois recours aux subterfuges par lesquels vous voudriez vous tirer d'affaire. L'histoire recommence sans cesse. Eux aussi protestaient de leur soumission, ils ne demandaient pas mieux que de censurer avec Rome les propositions attribuées à leur Docteur. Mais, disaient-ils, Jansenius ne les avait jamais enseignées. Vous répétez les mêmes paroles. Et quand vous vous récriez contre les soupçons qu'on fait planer sur votre orthodoxie, vous faites revivre les vertueuses colères de vos ancêtres des XVIIᵉ et XVIIIᵉ siècles. Vous êtes d'excellents catholiques, chez vous se perpétuent les meilleures traditions de foi, de dignité morale, de charité; je le reconnais volontiers, mais les solitaires de Port-Royal, les magistrats de nos vieux parlements, les familles nobles ou bourgeoises de beaucoup de nos provinces et certains grands seigneurs de la cour étaient-ils moins fidèles que vous aux préceptes de l'Evangile? Dans l'ordre pratique, le jansénisme a été une réaction d'austérité chrétienne; le relâchement des mœurs n'était alors que trop général; où donc régnaient l'esprit de pénitence, la crainte de Dieu, l'horreur des vanités du monde, le respect des saintes lois du foyer domestique sinon dans les milieux imprégnés des doctrines que les Saint Cyran, les Arnauld, les Nicole et tant d'autres croyaient emprunter, comme l'évêque d'Ypres, au grand saint Augustin? Pourtant les papes ont condamné le jansénisme et nous comprenons tous aujourd'hui que cette hérésie, par ses exagérations décourageantes avait créé un des plus grands périls auxquels l'Eglise de France eut été exposée depuis la révolte protestante.

Or l'école janséniste avait trouvé dans les erreurs gallicanes de précieux auxiliaires. L'Action Française a commencé de suivre ces détestables exemples, de grâce, arrêtez-vous, il en est encore temps.

Quelles que soient par conséquent les pensées intimes d'un écrivain, si les textes officiels présentent naturellement un sens blâmable, l'Eglise les condamne dans la mesure où ils sont contraires à la vérité. Tout autre système de répression intellectuelle serait stérile, car jamais ni Pape, ni concile n'auraient la certitude d'interpréter exactement les idées soumises à leur contrôle.

Et du reste la logique a des lois qu'on ne viole pas sans dommage. Les formules équivoques ne le restent pas toujours, peu à peu elles se précisent et se fixent. On avait fait de dangereuses concessions à des principes vagues et dangereux; ceux-ci imposent tôt ou tard leur inflexible tyrannie. Et voilà pourquoi, sans l'avoir prévu et parfois en ayant voulu un résultat différent, on en arrive à couvrir de son autorité les erreurs les plus graves.

J'invoquerai deux exemples.

Politique d'abord ne signifie point, dites-vous que la politique ait plus d'importance que la religion. Mais à force de concentrer son activité sur les luttes de partis, à force de travailler à rendre ces batailles plus fréquentes, plus intenses, plus étendues, on finit, sinon par oublier le reste, du moins par le reléguer au second plan. Et puis les chefs répétant sur tous les tons que leurs opinions philosophiques n'ont rien à faire avec le système politique dont le triomphe seul empêchera la France de mourir, malgré soi et, je le répète, en professant exactement le contraire, à force de redire avec eux « *Politique d'abord* » on donne bientôt à cette maxime une valeur absolue, inconditionnelle. Voilà le péril des formules imprécises parce que trop générales.

Second cas. « *Par tous les moyens.* » Vous rectifiez: Par tous les moyens non légaux mais légitimes, mais honnêtes. Dans un article de la « Vie spirituelle » daté du 6 mars, un théologien éminent, le P. Garrigou-Lagrange a écrit des pages excellentes que je voudrais pouvoir reproduire tout entières. Le court passage que je choisis vous montrera clairement les conséquences que peut entraîner votre principe « *Par tous les moyens* » légitimes. Pour combattre la démocratie, « suffit-il, observe le Révérend Père, d'un vigoureux coup de barre en sens inverse dans l'ordre humain?... Si cette réaction se fait seulement et surtout dans l'ordre humain, et pas assez dans l'ordre surnaturel de la foi et de l'amour de Dieu, elle court risque de tomber dans l'extrême opposé à celui qu'elle combat..., elle peut facilement dégénérer en un naturalisme aristocratique qui rappelle la sagesse grecque et son orgueil intellectuel opposé à l'esprit de l'Evangile.... » (1). On ne voulait prendre que des moyens honnêtes; nécessité logique, on usera bientôt de procédés que la loi chrétienne interdit.

Je ne généralise pas. On a reproché à **M. Maurras** de souhaiter le rétablissement de l'esclavage, alors

____

(1) **Page 749.**

qu'il s'était contenté, paraît-il, d'en trouver absurde la disparition (1). Je regrette cette méprise si elle est réelle, car je n'ai pu vérifier tous les textes, mais quand vous niez que votre maître ait jamais signifié à Dieu défense d'entrer dans ses observatoires, êtes-vous bien sûrs que de l'ensemble de ses théories ne se dégage pas, à défaut de la formule indûment reproduite, une pareille conclusion? Dieu n'est pour lui ni le premier principe ni la fin suprême, ce n'est donc pas le vrai Dieu qu'il adore et que par conséquent il considère comme la lumière éclairant toutes ses théories, toutes ses investigations.

Chers catholiques, soyez reconnaissants au Saint-Père. Sa mission est d'indiquer à ses fils le droit sentier lorsqu'ils l'abandonnent ou sont sur le point d'en sortir. La meilleure garantie de votre sécurité c'est précisément de savoir qu'en marchant à la suite de Pierre, vous ne vous écarterez jamais du chemin de la vérité.

III

Le Souverain Pontife commet donc, à ce qu'il vous semble, un abus de pouvoir. Bien mieux encore, ses condamnations portent à faux. Ces affirmations-là sont très audacieuses, mais on y ajoute et sur le ton de la certitude la plus ferme, que Pie XI, en agissant ainsi se propose d'atteindre un but essentiellement politique (2).

(1) *Chemin de Paradis*, 4e édition, p. 220-221.
(2) Depuis quelque temps l'*A. F.* atténue cette accusation, elle prétend même ne l'avoir jamais formulée, ce qui est faux. Il resterait donc que Pie XI aurait des intentions diffé-

Le Pape a dit et redit le contraire; il n'a jamais ni parlé lui-même de l'Action Française ni fait écrire à propos d'elle sans assurer que le bien des âmes était l'unique mobile de ses actes. N'importe, rue de Rome on maintient avec hauteur une accusation aussi outrageante. Qui la conteste est traité de menteur, à moins qu'on ne le considère comme un borné, incapable de discerner l'évidence de ses contrefaçons. Pie XI est-il mieux jugé? On n'ose pas lui appliquer des épithètes par trop malsonnantes, mais s'il ne s'aperçoit pas qu'on le dupe ou si, le voyant, il invoque des raisons qu'il sait être contraires à la vérité, que faut-il penser de son intelligence ou de sa valeur morale?

Donc le Vatican fait de la politique sous le couvert de la religion. Je remarque en passant que les anticléricaux ont toujours tenu ce langage. Or la politique romaine c'est l'abaissement de la France au profit de l'Allemagne. Pie XI, même avant de devenir pape, était germanophile; pendant sa nonciature à Varsovie il a travaillé avec acharnement contre nous; depuis son avènement au trône pontifical, il continue de suivre les mêmes errements, aidé par un autre gallophobe, le cardinal Gasparri, son secrétaire d'Etat, et par un entourage dont les tendances « philoboches » (quel barbarisme!) ne sont un mystère pour personne.

Ce réquisitoire n'a rien que de clair. Voulez-vous que nous étudiions les principaux arguments sur lesquels on échafaude ses conclusions?

1° Les préférences allemandes de la cour romaine

___

rentes de celles de son entourage qui le tromperait sans qu'il s'en aperçut. Quel éloge !

sont déjà anciennes. Exemple : l'attitude de l'*Osservatore Romano* pendant la guerre et l'aventure du prélat von Gerlach. Réponse : ces faits ne prouvent pas contre Pie XI qui a succédé à Benoît XV en 1922. Ils n'atteignent pas non plus Benoit XV qui ignorait totalement les menées de celui dont par bonté il avait fait l'un de ses camériers secrets.

2° La prétendue décision de Pie X au sujet de l'Action Française en janvier 1914, a été inventée par le secrétaire de la Congrégation de l'Index qui était un dominicain allemand, le P. Esser. Or le décret du 29 décembre 1926 se référant au témoignage de ce religieux et n'en citant pas d'autre, nous avons le droit non seulement de mettre en doute la véracité du récit, mais de n'en tenir aucun compte. Que vaudra jamais la parole d'un allemand lorsqu'il s'agit des intérêts de la France?

J'ai recueilli à Rome des impressions toutes contraires. Mgr. Esser — il était devenu évêque — à laissé le souvenir d'un prélat consciencieux jusqu'au scrupule et plutôt incliné vers les idées intégristes dont les tenants ont toujours été favorables aux doctrines de l'Action Française. Et d'ailleurs il est inexact que le document publié par Pie XI ne parle que de la visite du secrétaire de l'Index à Pie X; il y est dit que le cardinal préfet s'est entretenu de l'affaire avec le Pape. Donc impossibilité d'émettre l'hypothèse d'un faux (1).

3° Les articles de l'*Osservatore Romano*. Pro-allemand à l'époque de la guerre, l'organe officieux du Vatican n'aurait pas cessé de l'être. Erreur. La rédaction de ce journal a été entièrement renouvelée. Ses directeurs appartiennent maintenant à la Société fon-

(1) Voir: *Appendice*, p. **127**.

dée par l'éminentissime Ferrari mort archevêque de Milan. On est allé jusqu'à dire que ce cardinal fut lui aussi imprégné de germanisme, mais aucune preuve de cette assertion au moins étonnante n'a été fournie.

4° Le fameux discours du nouveau nonce, Mgr. Maglione, le 1ᵉʳ janvier, lors de la présentation du corps diplomatique à l'Elysée. Intrusion inacceptable du Pape dans les affaires de France, entente avec le nonce de Berlin, Mgr. Pacelli, lequel favoriserait l'union du Centre catholique allemand avec les nationalistes prussiens, pendant que son collègue de Paris préconiserait un mouvement vers les partis de gauche parce que ceux-ci sont les alliés naturels, ou pour mieux dire les complices de l'Allemagne.

Or cette allocution où l'Action Française a crû trouver la glorification intempestive d'une politique étrangère qui nous inspire à tous de légitimes défiances, n'a pas obtenu tant s'en faut tous les suffrages germaniques. Plusieurs prêtres allemands en résidence à Rome ont été mécontents de l'éloge adressé aux intentions pacifiques de notre pays. Habitués à critiquer ce qu'ils appellent le militarisme français, ils ont vu avec regret le représentant du Pape détruire leur principal grief contre nous. Au reste le discours du Nonce, qu'on ne l'oublie pas, ne pouvait avoir le caractère d'un événement politique, la diplomatie pontificale est trop prudente pour aimer les éclats; ce n'est pas à une réception de pure courtoisie qu'il est, je ne dis pas sage, mais possible de prononcer des manifestes de pacifisme international. Sans doute nous ne sommes plus au temps où Napoléon III adressait à l'ambassadeur d'Autriche des paroles à peu près équivalentes à une déclaration de guerre, mais le jour n'est pas encore arrivé où l'on transformera une visite de bonne année en congrès pour la paix. Le 1ᵉʳ janvier 1927, le doyen du corps diplomatique s'est fait simplement l'interprète de ses collègues, il a félicité le Président de la République d'avoir auprès de lui un orateur fort applaudi à Genève. Il était dans son rôle en glorifiant la paix, et demandant comme on l'a très bien dit « le désarmement des esprits. »

5° Le parti autonomiste alsacien. L'Action Française seule a dénoncé le péril; au contraire Rome a gardé le silence; elle n'a jamais adressé de reproches aux prêtres qui font de la propagande pour l'indépendance de l'Alsace, en réalité pour un nouveau traité de 1871. On se rappelle les affirmations catégoriques de M. Maurice Pujo. Mgr Ruch serait une victime déjà offerte en holocauste par le secrétaire d'Etat au gouvernement de Paris, ses agissements tout français auraient été l'objet de blâmes, etc. Le courageux évêque de Strasbourg a protesté énergiquement contre ces calomnies, et quoiqu'il n'ait pas pu obtenir une seule fois de ses prétendus défenseurs la moindre rétractation, l'opinion publique sait à quoi s'en tenir. Il reste que les prêtres partisans du régime autonomiste n'ont reçu aucune admonestation de Rome. Ici, je pose une question. Lorsque des ecclésiastiques s'occupent de politique militante, leurs supérieurs doivent les rappeler à l'ordre, c'est évident. Mgr Ruch a certainement rempli son devoir à cet égard comme en toute circonstance, et le Vatican a trouvé bonne cette attitude; mais le parti autonomiste lui-même est-il justiciable de l'autorité religieuse? C'est bien alors qu'il faudrait reprocher aux Evêques et au Pape de pénétrer dans un domaine qui n'est pas le leur.

6° L'entourage du Saint Père est germanophile, antifrançais. Quelles preuves donne-t-on d'une assertion très grave et que l'on présente sous une forme absolue comme une vérité indiscutable? Le Pape et ses collaborateurs s'efforcent de défendre et de promouvoir partout les intérêts de l'Eglise, c'est-à-dire la gloire de Dieu et le salut des âmes. C'est leur accorder bien peu d'estime que de les croire capables de prendre part à des intrigues dont le résultat serait d'ailleurs et de toute évidence l'affaiblissement des catholiques en France, puisque le Saint Siège aurait des complaisances — c'est l'hypothèse — pour nos tristes cartellistes.

Quelques politiciens — l'Action Française, je l'espère ne les a pas approuvés — ont prêté à Pie XI des projets gigantesques, des rêves aussi bizarres que chimériques. Le Pape désirerait la création d'un vaste empire central auquel l'annexion de la Pologne, de l'Alsace-Lorraine et de l'Autriche assurerait une population en majorité catholique. Conception insensée. A supposer qu'elle fût conforme aux principes de la justice, pourrait-elle devenir une réalité sans d'horribles guerres! Comprendrait-on que le Pape fomentât de pareilles catastrophes? (1)

Attribuer la condamnation de l'Action Française à des pensées de politique internationale, non, ce n'est pas sérieux. Le Souverain Pontife ne blâme nullement la clairvoyance, la vigilance, les mesures politiques et militaires qui peuvent empêcher l'Allemagne de préparer une guerre de revanche. A plus forte raison serait-il déraisonnable et injurieux de voir dans un acte du magistère doctrinal l'intention de plaire bassement

____

(1) Pie XI a protesté contre ces calomnies dans son allocution aux élèves du Séminaire français le 25 mars dernier.

au gouvernement français en le délivrant enfin du seul adversaire qui sût s'opposer à une politique sectaire au dedans, antinationale au dehors.

On aura beau crier à la calomnie lorsque nous nous permettons de ne pas chercher dans la feuille dont Pie XI a défendu la lecture, les meilleurs exemples de respect envers l'autorité de l'Eglise et de ses chefs; l'idée que ce journal donne chaque jour du gouvernement pontifical semblerait inspirée par certains articles de la presse impie. Mgr Ruch ne s'est pas trompé : l'*Action Française* est devenue un organe anticlérical.

IV

Dernier grief. Absence de procédés justes et bienveillants. 1° Le coup très violent qui nous a frappés était inattendu; il a été d'une brusquerie, d'une rudesse inouïe; 2° On nous a condamnés sans nous entendre; 3° Les actes de soumission que nous avons faits dès le début étaient très suffisants; on n'en a pas tenu compte.

1° Vous méritiez, dites-vous, d'être traités d'une manière moins dure. Mais quelle méthode fallait-il prendre? Que les troupes aient été surprises à l'heure où, dans un ciel à peu près serein, l'orage a subitement éclaté, je le comprends. Les chefs avaient-ils les mêmes raisons de s'étonner? Non pas. Ils savaient bien que les principaux interprètes de la pensée catholique chez nos voisins les Belges avaient manifesté hautement leur défiance à l'égard des doctrines de M. Maurras. Ils avaient dû lire le volume publié à cette occasion et dont il était inévitable que le Vatican prît connaissance. Ignoraient-ils que le cardinal Mercier avait signalé à Rome le danger? Moins présomptueux, ils ne se seraient pas crus victimes d'une attaque à l'improviste.

Le Saint Père a-t-il parlé un langage sévère? Il suffit de relire ses lettres et ses allocutions pour se convaincre du contraire. Sa parole calme, modérée, révèle l'unique amour de la vérité et des âmes. Et, sauf de rares exceptions, les évêques de France ont suivi les exemples de leur chef suprême. La déclaration collective du mois de mars contient-elle une seule phrase de laquelle l'onction pastorale soit absente?

2° Il aurait fallu du moins, ajoutez-vous, nous entendre avant de nous condamner. A ce sujet les récits les plus extraordinaires circulent. Non seulement aucun dirigeant de l'Action Française n'a été appelé à Rome, ce qui est regrettable, observe-t-on, mais des audiences ont été refusées ou bien accordées à condition d'écarter de l'entretien l'affaire elle-même. Au premier regard, il semble qu'il eût été utile que le Saint Père mandât tel ou tel personnage. Ce témoignage de confiance aurait peut-être touché des âmes presque toutes attachées à l'Eglise par une foi sincère. Mais quel usage aurait-on fait des paroles prononcées avec un sentiment paternel au cours d'entretiens particuliers? On a raconté tant de choses à propos de Pie X et de l'Action Française! Il est si facile et par conséquent si dangereux d'interpréter même de bonne foi une conversation dans le sens que l'on préfère! Puis ces audiences n'étaient pas nécessaires. Il s'agissait de juger non des faits sur lesquels le Vatican aurait pu recueillir des interprétations fausses, mais les doctrines exposées dans des écrits imprimés. Les explications verbales, je l'ai dit tout à l'heure, ne modifient pas le sens des textes. Vous ne pouvez pas vous plaindre d'une condamnation portée sans que les accusés aient pu se défendre. Vous avez été entendus, puisque vos livres et votre journal ont été lus et examinés. Votre pensée était là; qu'auriez-vous pu ajouter de nouveau? Même atténuées par vos commentaires, les erreurs commises restaient visibles. Lé Pape ne possède de droits en matière doctrinale que pour remplir le devoir de juge, de gardien, en même temps que de père.

3° Est-il vrai maintenant que vous vous soyez soumis sans que votre obéissance ait été prise au sérieux? Du manifeste « *Non possumus* », je détache cette phrase : « L'Action Française s'est empressée de proposer à l'autorité ecclésiastique les satisfactions nécessaires. » Lesquelles? Nous en avons entendu plusieurs fois l'énumération. La chaire du Syllabus serait rétablie à l'Institut de l'Action Française en faveur de titulaires que sans doute le Pape désignerait lui-même. Les évêques confieraient à des prêtres la mission de faire connaître aux divers groupes le dogme et la morale catholiques et de surveiller les doctrines que l'on y professerait. Voilà certes d'excellents projets. Mais créer un enseignement religieux dans un institut où des idées positivistes pourraient bien être mises en honneur, comme jadis, perpétuerait l'équivoque en approuvant, somme toute, une école philosophique tout au moins dangereuse. La seconde proposition n'était pas plus recevable. L'Association catholique de la Jeunesse française a bien ses aumôniers et Pie X avait eu l'intention d'en donner aux groupes du Sillon, après avoir ramené ce mouvement à son organisation première qui était purement religieuse et sociale; mais l'Action Française est politique; il est donc impossible que le clergé participe en quelque manière à ses travaux. Les deux refus du Saint-Siège sont parfaitement légitimes.

Mais pourquoi le Saint-Père n'a-t-il pas fait à la démarche si déférente de M. de Vesins, pour ne citer que celle-là, un accueil favorable? Les paroles, le ton, les promesses du président de la Ligue n'étaient-ils pas de nature à émouvoir le cœur réputé si bon de Pie XI? On oublie seulement que tout en écrivant ces choses, l'auteur de la lettre mettait sa signature au bas de l'adresse des dirigeants catholiques de l'Action Française au cardinal Andrieu. Dans ce document qu'ils publiaient en même temps que la réponse du Pape à l'archevêque de Bordeaux, ils exprimaient des sentiments d'horreur pour les théories agnostiques, amoralistes, athées, mais sans reconnaître un seul instant que leur école de philosophie politique et sociale avait pu subir l'influence de ces doctrines perverses. Ce n'était pas offrir au Saint-Père dont ils venaient pourtant d'entendre la parole, une soumission suffisante.

Il faut en venir maintenant à la lettre écrite par M. Ch. Maurras à Pie XI le 12 octobre, mais publiée trois mois plus tard. Voilà, n'est-ce pas! une avance qu'il fallait accepter de bon cœur. Hélas! non. Ces pages de forme très littéraire ne contiennent aucun désaveu, aucune promesse d'intervention auprès des disciples catholiques du maître pour les exhorter à la soumission. Elles ne méritaient donc pas de réponse. L'Action Française n'est pas un de ces gouvernements avec lesquels le Pape a coutume d'engager des négociations; quand il parle comme un père à ses fils, au lieu de traiter de puissance à puissance, les fils doivent obéir à leur père.

En résumé, Pie XI s'est montré plein de condes-

cendance. Il a commencé par avertir; durant trois
mois et demi, il a multiplié les conseils; c'est après
ce temps, — à notre époque de publicité abondante
et rapide on peut qualifier un tel délai de long —
qu'il a parlé solennellement. Sa première lettre au
cardinal Andrieu porte la date du 5 septembre; l'allocution consistoriale a été prononcé le 20 décembre.
Quatre jours plus tard, le 24, l'Action Française publiait son *Non possumus*. Nous ne devons pas oublier
ce qu'elle a osé écrire : « Il est pénible pour des fils
d'être obligés de résister aux injonctions d'un père.
Mais pour lui obéir nous ne pouvons pas commettre
un péché comparable en gravité à un parricide. » Un
peu plus haut, elle avait déclaré qu'elle ne consen-
tirait pas à un « acte politique au premier chef, acte
qui porterait un grand préjudice à la France, et lui
serait nuisible mortellement. Favoriser cet acte, ajou-
tait-elle, ce serait trahir, nous ne trahirons pas. »

La réponse de Rome ne s'est pas fait attendre; le
29, le journal l'Action Française était mis à l'Index
avec un certain nombre d'ouvrages de M. Maurras.
Cette mesure de rigueur n'avait rien d'étonnant, rien
non plus d'excessif. Le chef de l'Eglise doit-il tolérer
que des catholiques se servent de la presse pour l'ac-
cuser de leur commander « un crime comparable en
gravité au parricide », une trahison envers la patrie?
Il y a quatre mois que cette décision a été prise, or,
pas un seul jour ne s'est écoulé sans que la feuille
condamnée, sous une forme ou sous une autre, ait
paraphrasé ce réquisitoire injuste. On le répète sans
cesse, tout ce qui est honnête en France, assure-t-on,
partage l'indignation de l'Action Française, les évêques eux-mêmes sont pour le plus grand nombre
avec elle, car ils ont subi « une brutale mise en

demeure. » (1) Quels outrages! Encore une fois, quelle idée se fait-on du Pape, de ses collaborateurs et des évêques de France?

*
**

Chers Catholiques, où allez-vous? On m'a posé une question toute pareille, où voulez-vous en venir, m'a-t-on dit? C'est vous bien plutôt qu'il faut interroger de la sorte. Imiterez-vous le triste exemple que vous ont déjà donné plusieurs de vos pareils, hommes et femmes, en s'éloignant de nos organisations catholiques? Ma douleur est profonde. Je ne m'explique pas que des personnes intelligentes, jusqu'à présent dévouées à notre apostolat et jouissant d'une influence qui les charge de lourdes responsabilités, ne veuillent plus travailler avec leurs évêques et leurs prêtres. Quel motif dicta cette étrange attitude? Se sont-ils résolus à user de représailles? Le but est-il seulement de faire entendre une protestation? Cèdent-ils à un accès de mauvaise humeur? Je ne vois pas le bien qui résultera de ces divisions. Si l'on espère que le Pape désavouera ses actes, l'illusion est grande, quoi que vous disent certains prêtres, eux aussi égarés, il n'y a qu'un remède à la situation présente: une soumission filiale. La résistance continuera, pensez-vous, alors votre parti politique va devenir décidément gallican et anticlérical, il nous privera de concours jusqu'à présent très utiles. Et donc nos troupes seront moins nombreuses peut-être pendant quelque temps, par suite notre pénurie de ressources matérielles augmentera. Mais l'Eglise a subi d'autres

(1) Article cité et approuvé par l'*A. F.* le **23** mars.

crises, en France et ailleurs. Nous avons le ferme espoir que la miséricorde infinie viendra à notre aide. Nous continuerons nos œuvres et peu à peu, ou bien vous nous reviendrez, ce qui me semble très probable, ou bien le Bon Dieu suscitera de nouveaux dévouements.

Pour moi, chers catholiques, ma conscience ne me reprochera pas de n'avoir pas essayé de vous instruire. Je vous ai dit la vérité, je vous l'ai dite avec une sincère affection pour vos âmes. Ma prière obtiendra peut-être ce que je désire, si mes paroles restent impuissantes. Que le Seigneur Jésus daigne vous éclairer, vous bénir, vous accorder enfin la douce joie dont l'obéissance à son auguste représentant est la source profonde !

† CHARLES-PAUL,
Evêque d'Agen

Agen, le 29 avril 1927, en la fête de Saint-Pierre, martyr.

VI

Le fond de la question

Je voudrais résumer maintenant en quelques pages là doctrine contenue dans cet opuscule. Au fond de toute discussion théorique ou pratique, une analyse tant soit peu exacte découvre aisément un petit nombre d'idées qui seules expliquent le débat. D'où vient le conflit entre l'Eglise et l'Action Française? Des erreurs propres à celle-ci, faux principes, méthodes désavouées par l'esprit catholique. Mais le point de départ, la cause plutôt ou les causes auxquelles il faut rattacher la situation présente seraient utiles à déterminer. Le mouvement nationaliste de 1898 était bon, pourquoi et comment a-t-il dévié? Je crois que trois raisons pourraient rendre compte des faits. Les voici.

I

L'Action Française identifie de propos délibéré la défense religieuse avec les intérêts du parti royaliste. Jamais Pape ni évêques n'accepteront pareille confusion. Je n'exagère rien en prétendant que d'après M. Maurras et ses disciples les catholiques doivent nécessairement s'unir sur le terrain politique aux royalistes. Et il ne s'agit point ici d'une collaboration qui, en effet, est dans certains cas inévitable et féconde, non, la pensée du *maître* est que tout au moins dans l'ordre des réalités, sinon dans les régions des principes absolus, il est impossible aux catholiques de ne pas faire cause commune avec les royalistes. Somme toute il ne peut y avoir de bons catholiques en dehors de l'Action Française. En revanche, tous les adeptes de l'école nouvelle, même s'ils sont incroyants, respectent, aiment l'Eglise et travaillent pour elle.

M. Maurras expose très clairement ces pensées-là dans le volume qui porte le titre de *Politique religieuse*. « Il serait curieux, écrit-il, et je crois qu'il serait facile de savoir si les quatre écoles philosophiques et religieuses qui ne se rencontrent point dans le ciel mais qui se sont fort bien accordées sur la terre à propos de Dreyfus ne se rencontrent point, sur cette même terre, en de graves questions de politique réaliste... Si négligeant les intentions et les tendances qui divergent comme les volontés, on s'en tenait aux idées pures? On verrait très certainement que ces idées convergent; mieux que cela, qu'elles concordent, coïncident, rentrent les unes dans les autres et s'identifient dans leur lettre et dans leur signification. On verrait qu'il y a une doctrine politique commune à tous ces cerveaux si divers. »(1) La doctrine catholique étant l'une des quatre écoles dont parle expressément (2) M. Maurras, il est clair que selon lui il n'y a qu'un symbole politique possible aux catholi-

_____

(1) Page 8.
(2) *Ibid.* p. 6.

ques, c'est le credo des militants de l'Action Française..

Or l'Eglise ne peut pas s'accommoder de cette prétendue union. Supérieure à tous les systèmes politiques, elle reconnaît à ses fidèles les droits qui sont le patrimoine de tous les citoyens honnêtes d'un pays, la liberté par conséquent de choisir leurs opinions politiques, pourvu qu'elles soient conciliables avec les principes de l'ordre; elle ne veut mettre son influence au service d'aucun parti si respectable soit-il, si désireux qu'il se montre de la défendre et de la protéger.

Par là elle échappe à l'un des dangers les plus graves qui la menacent. Quelle a été, depuis un demi-siècle surtout, la tactique constante de nos adversaires? Ils ont crié sur tous les tons que la défense de nos libertés était simplement un prétexte et qu'au fond nos efforts avaient un but politique. Cette accusation a été répétée avec succès pendant toutes les périodes électorales. Nous ne combattons pas la religion, déclaraient, sauf quelques sectaires acharnés, les candidats les moins catholiques, ce dont nous ne voulons pas, c'est du cléricalisme, en d'autres termes du gouvernement des prêtres. Si l'Action Française est dans le vrai, je demande comment nous réfuterons la calomnie. On ne peut en fait, selon vous, être bon catholique sans vouloir changer la forme du gouvernement; ceux-là seuls qui mettent en tête de leur programme le retour à la monarchie sont vraiment catholiques; donc l'action catholique et l'action politique se confondent, donc si l'on veut le maintien de la constitution qui régit la France depuis plus de cinquante ans, il faut opposer aux agissements des catholiques une barrière infranchissable, le cléricalisme, voilà toujours l'ennemi.

L'histoire contemporaine nous montre bien que telles ont été les idées de nos adversaires. Je cite un exemple. La politique de Léon XIII n'a pas seulement déplu aux royalistes intransigeants, les sectaires de gauche l'ont considérée comme une grave menace contre l'édifice qu'ils construisaient avec tant de peine, mais aussi avec une persévérance digne d'une meilleure cause. L'affaire Dreyfus dont parlait tout à l'heure M. Ch. Maurras a été pour eux l'occasion favorable, l'occasion désirée, rêvée et, je l'ajoute, inespérée, de reprendre la lutte devenue moins vive depuis le ralliement. Qu'ont-ils fait dès lors? Ils se sont acharnés à unir dans une même réprobation les adversaires du régime et les catholiques. Les ministères de ce temps-là prenaient l'étiquette de défense républicaine, la loi de 1901, en attendant celle de 1904, frappait les Ordres religieux. Pourquoi? Parce que les moines qualifiés de prédicants, ou de trafiquants, ou de ligueurs, mettaient en péril les institutions existantes. Réactionnaire, c'était dire royaliste et catholique, encore une fois par une confusion voulue et souverainement nuisible aux intérêts de l'Eglise. Aussi bien les papes Pie X et Benoit XV, voulurent-ils l'union de tous les catholiques sur le terrain religieux, et c'est ce que Pie XI demande encore. Tous les partis, à l'exception de ceux qui professent des doctrines essentiellement antichrétiennes, peuvent et doivent combattre ensemble le laïcisme, au lieu d'abandonner aux royalistes le monopole de l'action catholique.

Telle n'est pas la conception développée par M. Maurras dans ses ouvrages et ses nombreux articles de journal. Je le montrerai tout-à-l'heure. On a cent fois affirmé, pendant ces derniers mois, que les adeptes de l'Action Française étaient au nombre des meilleurs catholiques, et même les seuls catholiques entièrement fidèles à l'Eglise et par la doctrine et par les actes. Tous les autres sont plus ou moins imprégnés d'erreurs libérales et modernistes, ils se laissent enrôler dans des groupements politiques et sociaux où les droits de Dieu sont mal défendus, sinon amoindris, dénaturés.

Je ne crois pas ces jugements exacts. Les catholiques d'Action Française fournissent sans aucun doute un bon contingent à nos œuvres de piété : apostolat de la prière, confréries, tiers-ordres, etc... On les retrouve parmi nos zélateurs des écoles libres, de l'œuvre des séminaires, de toutes les organisations créées pour le développement de l'esprit religieux, l'entretien de nos églises, la vie matérielle du clergé. Mais si nous examinons les listes où s'inscrivent les membres de nos comités d'hommes, de nos chères ligueuses et de nos jeunes gens, il nous faut faire des constatations très différentes. L'Action Française n'aime aucune de ces institutions, elle a violemment attaqué l'Association catholique de la Jeunesse française, allant jusqu'à traiter ses fidèles de *sans-patrie*, la Ligue patriotique des Françaises ne reçoit jamais d'elle le moindre encouragement et la Fédération nationale lui est évidemment suspecte. Ce n'est pas que tous ses amis se soient tenus à l'écart lorsque nous avons essayé d'imprimer à l'action catholique un mouvement nouveau; ils sont entrés en bon nombre dans nos associations paroissiales et nos comités diocésains. Mais on ne peut pas dire, comme leurs chefs le prétendent, que tous aient été nos auxiliaires, les plus actifs. Et quant à la Jeunesse Catholique et surtout à la Ligue patriotique, l'une et l'autre ont

reçu d'eux un concours bien inférieur à celui que
nous aurions pu et dû attendre de leur intelligence
et de leur puissance de bien faire. Le souci de la vérité nous oblige donc à le dire, les catholiques d'Action Française aiment les œuvres strictement religieuses, mais lorsqu'il s'agit de combattre l'antichristianisme ou la franc-maçonnerie, leurs préférences vont
aux groupes politiques. On le voit aisément, ils se
contenteraient volontiers de ceux-ci, car ils les trouvent d'un côté nécessaires et de l'autre parfaitement
adaptés aux exigences de la lutte. De plus l'action
catholique telle que nous la voulons suppose que le
régime laïque est susceptible d'amélioration; or l'espoir d'amender la législation actuelle est pour l'Action Française une pure utopie. Le système est radicalement mauvais, rien ne pourra être obtenu tant
que la forme du gouvernement ne sera pas changée.

Cette dernière conclusion me conduit par une voie
très logique au deuxième point que je me propose de
mettre en lumière.

II

L'Action Française n'a pas su déterminer avec
exactitude, en fait et probablement en droit, les rapports de subordination ou de non subordination qui
doivent exister entre l'Eglise et la société politique.

Je demande qu'au lieu de protester contre cette assertion, on me fasse crédit pendant quelques minu-
tes. Je vais m'expliquer, et je l'espère, avec clarté.

Il y a toujours eu et il y aura toujours deux catégories de catholiques pratiquants, les vrais disciples
du Sauveur qui vivent de leur foi et ramènent tous

leurs actes aux deux grands préceptes de la loi évangélique : l'amour de Dieu et du prochain, puis les fidèles moins fervents, habiles à concilier l'esprit du monde avec le service de Dieu, n'élevant d'ordinaire aucune objection contre le dogme ou contre la morale chrétienne, mais en réalité s'arrogeant le droit de faire un choix dans les commandements de Dieu et de l'Eglise.

Or cette dualité se retrouve avec les mêmes caractères dans l'histoire des relations entre les deux puissances qui se partagent le gouvernement du monde, la première ecclésiastique, la seconde laïque. Léon XIII a bien déclaré dans son Encyclique *Immortale Dei* (1) que chacune était souveraine dans sa sphère propre, il n'en est pas moins vrai que la querelle du sacerdoce et de l'empire, non pas uniquement celle qui divisa les césars germaniques et les papes, remplit de ses fastes une longue série de siècles. C'est que la domination des consciences attire invinciblement les hommes investis d'une autorité publique. On ne se résigne pas à n'exercer qu'un pouvoir extérieur quand on a charge de régir les peuples. Lacordaire a pu donner à l'une de ses admirables conférences ce titre significatif : *De la passion des hommes d'Etat contre l'Eglise.* Certes la tentation est grave, mais voici un autre aspect du problème. Selon la doctrine catholique, les gouvernants doivent non seulement ne mettre jamais obstacle à la sanctification de leurs sujets, mais encore favoriser autant qu'ils le peuvent le ministère du prêtre, car la fin suprême de l'homme étant le salut éternel, la vie sous toutes ses formes, individuelle, familiale, so-

____

(1) 1er novembre 1885.

ciale, politique, doit tendre vers ce but. Nombreux
ont été, au cours des siècles passés, les chefs militaires, — rois ou seigneurs, — les magistrats des parlements, ou les bourgeois des villes qui ont agi comme
s'ils professaient des doctrines contraires. Ils ai-
maient et pratiquaient la religion, ils ne manquaient
pas de l'associer aux événements graves auxquels s'in-
téressaient la nation ou les communes, mais ils en prenaient et en laissaient de ses exigences par trop gê-
nantes. Une crainte leur était coutumière, celle des
empiétements du clergé sur le pouvoir civil. L'anti-
cléricalisme ne date pas d'hier, il est vieux comme
l'histoire de l'Eglise depuis sa sortie des Catacombes.
D'ailleurs, je le répète, ce n'était pas simplement
l'influence ecclésiastique dans le domaine des affaires
politiques que l'on redoutait, notre morale a toujours paru trop sévère aux hommes du monde, le
conflit entre la conception chrétienne des choses pratiques et la tyrannie des mauvaises passions est per-
manent. Saint Augustin a écrit pour tous les temps,
lorsqu'il a dépeint les deux cités qui se dressent l'une
en face de l'autre, la cité de Dieu, la cité du démon
et du monde.

Nous retrouvons dans les théories et les méthodes
de l'Action Française le même esprit. J'ai signalé
tout-à-l'heure deux tendances, l'aspiration au gouvernement des consciences, en second lieu une opposition perpétuelle non précisément de doctrine mais
surtout de conduite à la morale catholique. Elles
sont facilement reconnaissables dans les travaux in-
tellectuels et les gestes de l'Action Française. Et
d'abord autour de M. Maurras, on dogmatise. N'est-ce
pas construire toute une théologie morale que de définir en quelque sorte comme l'expression de la vé-

rité absolue (1) toute une suite de thèses sur le pouvoir, ses attributions essentielles, la nocivité radicale de la démocratie, la nature de la loi, la résistance légale ou illégale à l'autorité, les moyens de défendre la religion ,etc... Philosophie politique, dira-t-on. Oui, sans doute, mais philosophie inséparable de la théologie morale. Qui doit prévaloir en pareille matière? Est-ce la doctrine de l'Eglise ou celle d'une école politique? Nous disons aux partis honnêtes : laissez l'Eglise déterminer les principes de la vie sociale comme de toutes les autres formes de l'activité humaine; mais l'Action Française ne l'entend pas de cette oreille-là; elle se réserve même le droit d'imposer à la lutte religieuse ses conditions. Ecoutez bien, c'est M. Maurras qui parle :

« Axiome. La politique religieuse, comme la politique économique, comme la politique sociale, est d'abord une *politique*. Elle consiste donc en tout premier lieu à s'emparer et à s'assurer du pouvoir...

...Cette solution positive, la seule positive, est d'une complexité immense. J'ajoute qu'elle n'est pas plus commode à manier que simple à concevoir. Seulement elle est l'unique et elle est la vraie. C'est quelque chose. L'autre est absurde. » (2) Quelle autre? Evidemment la méthode que l'Eglise conseille, recommande, déclare la seule qu'elle puisse accepter, en d'autres termes la méthode de l'apostolat qui peu à peu, par infiltration, gagne du terrain et change les mœurs en transformant les âmes, la méthode enfin qui, après trois siècles de persé-

---

(1) Pourtant le Positivisme rejette l'absolu, or, M. Maurras **est positiviste**.
(2) *La Politique religieuse*, p. 323.

cutions, a permis à Constantin de publier l'édit de Milan et de donner à l'Eglise la liberté.

Inutile de faire ici de longues considérations. Le langage que je viens de reproduire est concluant. Ce n'est pas à l'Eglise de choisir ses procédés d'action; il faut sans doute qu'elle fasse de la politique religieuse, puisque l'Etat a édicté des lois qui violent les droits des catholiques, mais si elle veut réussir, force lui sera de confier ses intérêts au parti que dirige M. Maurras. Qu'elle se soumette donc, il le faut de toute nécessité. Voilà bien la subordination de la religion à la politique.

D'autres citations achèveront de nous éclairer. Je les puise encore dans le volume intitulé « La Politique religieuse » (1). C'est le programme formulé par l'Action Française en novembre 1899. « Trois points y étaient posés comme fondements essentiels de l'accord, et sur les deux premiers (nature sociale de l'homme, nécessité moderne des nations pour l'Humanité) on n'a jamais eu rien à changer par la suite. », Le troisième a été modifié, c'est-à-dire rendu plus exact, par conséquent définitif. Lisons attentivement ce troisième texte; il est d'une très haute importance, nous l'avons entendu, c'est l'un des *fondements essentiels de l'accord* entre les membres de l'Action Française, les croyants et les incroyants.

« *Un vrai nationaliste place la patrie avant tout, il conçoit donc, il traite donc, il résout donc toutes les questions politiques pendantes dans leur rapport avec l'intérêt national; avec l'intérêt national et non avec ses caprices de sentiment; avec l'intérêt national et non aves ses goûts ou ses dégoûts, ses penchants ou ses*

____

(1) Page 76-77.

*répugnances; avec l'intérêt national et non avec sa pa-
resse d'esprit, ou ses calculs privés ou ses intérêts
personnels. »*

Ce programme contient évidemment d'excellentes choses. On ne saurait trop recommander aux hommes politiques une abnégation que beaucoup d'entre eux ont coutume d'ignorer. Néanmoins la formule « *un vrai nationaliste place la patrie avant tout* » (1) est dangereuse; un catholique ne peut pas y souscrire sans réserve, car nous le savons bien, pas plus dans l'ordre de la vie nationale que dans celui de la vie individuelle, l'intérêt ne doit occuper le premier rang. Lorsque les armées allemandes ont envahi la Belgique, en août 1914, le chancelier de Guillame II s'est excusé en alléguant l'intérêt de l'empire; c'est pour un motif tout semblable que l'Angleterre se rapproche aujourd'hui de l'Allemagne et que les Etats-Unis traitent de haut la question européenne. Que la justice soit respectée d'abord. Il est facile d'établir que le plus souvent elle s'accorde avec les intérêts supérieurs d'un peuple; mais si cette harmonie semblait impossible, il faudrait pour faire de la politique saine, imiter S. Louis qui en pareil cas comme sous tous les rapports a été le modèle des princes chrétiens.

On voit où l'attachement à de pareilles maximes conduira les hommes qui les entendent ou les lisent sans relâche et qui ont dans leurs guides une confiance absolue. L'idée politique finira par tout primer, elle deviendra une espèce d'obsession, de sorte qu'on ne pensera et n'agira plus guère que sous son inspiration et pour étendre son influence. Politique d'abord

(1) **Page 77.**

signifie bien une simple priorité chronologique, n'empêche que, rue de Rome, la subordination des problèmes vitaux, même religieux, à la cause du parti est devenue une réalité indéniable. L'Action Française en est là, son esprit est tellement obsédé par la préoccupation politique que malgré les déclarations réitérées du Souverain Pontife et des Evêques, elle persiste à croire et à dire que si elle est condamnée c'est uniquement pour son dévouement à la cause royaliste. Des catholiques refusent d'admettre qu'ils aient erré sur le terrain où se rencontrent la politique et la religion, voilà le fait. Il est à peine croyable; son explication, je la trouve dans un phénomène psychologique connu: une pensée absorbe toute la vie intellectuelle, l'idéal politique se transforme en un objet de culte, donc sacré, donc intangible; « *un vrai nationaliste place la patrie avant tout.* »

Se rend-on exactement compte des dispositions morales — j'arrive à la seconde tendance mentionnée plus haut — que ces belles doctrines ne manquent pas de créer dans les âmes, surtout lorsque celles-ci ne se distinguent pas de la masse des croyants et des pratiquants plus ou moins tièdes? Pourvu que l'Eglise catholique soit respectée et libérée de ce que M. Maurras appelle assez souvent « *les turlutaines gallicanes* », le reste, c'est-à-dire la conformité de la vie avec la foi importera peu. Les jeunes de l'Action Française déploient beaucoup de courage dans les réunions publiques et lors des manifestations extérieures, ils ne donnent pas toujours, tant s'en faut, l'exemple des vertus dont nous voudrions pétrir en quelque sorte l'âme des élèves de nos collèges et les membres de nos groupes d'action catholique. Il y a là une anomalie profondément regrettable. Nous ne cesserons de rappeler à nos chers jeunes gens que leur vie doit être une; il ne leur est pas permis de démentir par le dérèglement de leurs mœurs les principes qu'ils se glorifient de défendre même en affrontant de graves périls.

La subordination de la religion à la politique dans les régions de la théorie ou bien dans le domaine des faits de la vie quotidienne, est et sera toujours condamnée par l'Eglise. L'Action Française ne l'a pas enseignée *ex professo*, au contraire, mais les principes qu'elle posait en axiomes l'y ont logiquement entraînée. Il est toujours dangereux de dogmatiser, quand on ignore la théologie.

III

La troisième vérité que je dois exposer est celle-ci : L'alliance entre positivistes et catholiques n'est légitime que dans certains cas déterminés, par exemple pour combattre telle ou telle loi; elle ne peut ni ne doit aboutir à la constitution d'une école politique ayant une doctrine sur les rapports de l'Eglise avec l'Etat et les graves questions sociales du temps présent.

L'Action Française enseigne justement le contraire. M. Maurras raconte ainsi l'origine du pacte : « Il y avait au milieu de nous des catholiques et des athées, des panthéistes et des païens, et enfin des positivistes participant à des degrés inégaux et très variés de Littré, de Taine ou de Comte. Tout à fait d'accord sur les faits, tantôt ils les nommaient de noms fort différents, tantôt ils les justifiaient par des systêmes très contraires »(1). Cette rencontre d'hommes

(1) *La Politique religieuse*, p. 4.

professant des idées si différentes sinon opposées les unes aux autres, est déjà fort étonnante, même sur le terrain des faits. Leur union était pourtant plus étroite. « On ne pouvait dire, continue M. Maurras, qu'il y eût parmi nous, au-dessus de la simple concordance politique, des divergences et des contrariétés universelles. Sur certains points, même de morale transcendante, de religion ou de métaphysique, notre opinion était à peu près unanime. Il est vrai que c'était sur des points négatifs. Ainsi il s'en fallait que nous fussions tous catholiques; mais tous, aussi bien les athées que les panthéistes, et les positivistes que les païens, nous nous accordions à rejeter le protestantisme. Ainsi encore il s'en fallait que nous fussions même d'accord sur l'existence et sur la nature d'un Dieu; mais tous, aussi bien les catholiques que les athées et les positivistes, que les panthéistes ou les païens, il se trouvait que nous rejetions le déisme philosophique, tel qu'il apparaît chez un Kant, un Rousseau, un Cousin ou un Jules Simon. Le déisme, le protestantisme et, à raison plus forte, le judaïsme s'éliminaient naturellement de notre pensée. » (1)

L'union avait donc pour premier objet des négations de philosophie pure. On professait toutefois en commun quelques doctrines d'ordre pratique. Le libéralisme économique et l'étatisme, l'individualisme, le prétendu dogme du matérialisme historique, le naturalisme et le fatalisme, la souveraineté du peuple, la liberté de conscience et des cultes condamnée par le Syllabus, autant d'erreurs ou *d'insanités* que l'Action Française critiquera chaque jour « pour des motifs qui n'ont absolument rien de religieux ni

______

(1) *La Politique religieuse*, p. 4 et 5.

même de moral » (1). Ces erreurs ou insanités, l'expérience l'a démontré avec clarté, sont en effet destructives de l'ordre nécessaire à la vie d'un peuple. Le symbole doctrinal de l'école nouvelle proclamera donc la nécessité politique et sociale de principes absolument contraires à ceux que précisément l'Eglise réprouve; ces principes constitueront la vérité politique pour la défense et le triomphe de laquelle athées, panthéistes, positivistes, païens se grouperont et formeront un bloc indestructible. Les catholiques pourront leur prêter un concours dévoué, car si leurs croyances s'appuient sur une autorité surnaturelle, du moment que leurs alliés tiennent les idées catholiques pour les seules bienfaisantes en philosophie politique et sociale, rien ne les empêchera de collaborer avec eux.

De quoi s'agira-t-il en somme? De rétablir l'ordre en France. Or M. Maurras qui est grec par la pensée comme le fut la société romaine à partir du IIᵉ siècle avant Jésus-Christ, comme l'est en un certain sens l'Eglise avec les Pères et les premiers docteurs, avec la philosophie de Platon et surtout d'Aristote, M. Maurras constate que Rome a reçu d'Athènes et transmis à notre Paris le dépôt des trésors qui font la gloire, la puissance, la prospérité d'une nation. « Rome signifie sans conteste la civilisation et l'humanité. *Je suis romain, je suis humain* : deux propositions identiques. » (2) Il avait écrit un peu plus haut : « *Je suis romain*, parce que si je ne l'étais pas, je n'aurais à peu près plus rien de français. » (3) C'est la

(1) *La Politique religieuse*, p. 145.
(2) *Ibid.*, p. 396.
(3) *Ibid.*, p. 395-396.

culture gréco-romaine, l'ordre romain, la manière romaine de concevoir et de pratiquer le gouvernement des hommes qu'il faut réintégrer dans notre patrie. Chose admirable et bien propre à rendre les liens entre l'Action Française et les catholiques très fermes, même indissolubles : « Je n'éprouve jamais, observe M. Maurras, de difficultés à me sentir ainsi romain, les intérêts du catholicisme romain et ceux de la France se confondant presque toujours, ne se contredisant nulle part. » (1) En effet l'Eglise est le successeur de l'empire romain.

Et quels adversaires devra-t-on combattre? Le maître en signale quatre catégories qui forment selon lui — il le répète plusieurs fois dans son volume : la Politique religieuse — un autre bloc. Ce sont les protestants, les juifs, les francs-maçons, les métèques; les *protestants*, car le libre-examen qui est leur dogme fondamental est le père d'un individualisme funeste qui engendre logiquement le libéralisme, fléau des sociétés modernes; les *juifs*, c'est-à-dire les barbares, les orientaux, essentiellement opposés par leurs habitudes intellectuelles et morales à la civilisation gréco-romaine (M. Maurras fait même de la Bible, je le montrerai plus loin, une critique excessive, injuste, oubliant que la Sainte Ecriture étant inspirée et ne recevant d'autre interprétation authentique que celle de l'Eglise, il est faux de prétendre qu'elle soit « impuissante à fixer aucun dogme » (2); les *francs-maçons*, propagateurs acharnés des sophismes pervers dont Jean-Jacques Rousseau a su imprégner la révolution de 1789 et 1793; les *métèques*, ces prétendus

(1) *La Politique religieuse*, p. 396.
(2) *Ibid.*, p. 271.

français nullement attachés à notre patrie par les liens du sang et par des traditions aimées, vils exploiteurs d'un peuple qu'ils traitent en esclave. Les *quatre Etats* que forment protestants, juifs, francs-maçons, métèques — M. Maurras leur donne ce nom d'Etat — travaillent ensemble pour la perte de la France; il faut renverser leurs principes, démasquer les complots qu'ils trament, les dépouiller coûte que coûte de toute influence, enfin par leur défaite irrémédiable, sauver notre pays d'une ruine définitive. Rien de plus juste assurément que de telles appréciations. Je crois avoir exposé fidèlement les motifs sur lesquels se fonde, à l'Action Française, l'union entre croyants et incroyants; il me reste à montrer que cette alliance ne peut donner les résultats qu'on attend d'elle, si ce n'est dans quelques circonstances particulières. L'Eglise ne doit pas l'accepter, le Pape vient de la condamner.

Athées, panthéistes, païens, positivistes, catholiques, quel étrange amalgame d'éléments hétérogènes!

L'athéisme, c'est le nihilisme; en politique il n'a pas d'autre aboutissement logique, pas d'autre conclusion possible que l'anarchisme. Les faits le prouvent bien, tous les anarchistes notoires sont athées; comment dès lors les athées ne seraient-ils pas anarchistes?

Le panthéisme! Mais la négation d'un Dieu personnel n'est au fond qu'une forme de l'athéisme. L'on connaît d'ailleurs les conclusions déduites par le génie allemand des doctrines panthéistes de ses grands philosophes Fichte, Schelling, Hegel, Hartmann. Le culte de la force, le prétendu droit de la race germanique à tout dominer, la déification de l'Etat, autant d'erreurs monstrueuses; ce ne sont que les applications à l'ordre politique et social des conceptions élaborées par les panthéistes du XIXe siècle.

Le paganisme était religieux sans doute, mais quelle morale lui enseignaient ses mythologies? L'empire romain où les vieilles traditions latines s'étaient transformées sous l'influence de la civilisation grecque et des cultes orientaux, avait le sens très avisé de l'ordre, mais au maintien de cette belle harmonie il jugeait nécessaires et l'esclavage avec ses effroyables injustices, et la haine de l'étranger envers lequel n'existait aucun devoir. Un code païen de morale et de droit international serait un défi aux principes de l'Evangile, il ignorerait en effet la loi de charité, loi qui résume tous les commandements divins.

Reste le positivisme. Avec lui l'entente semblerait plus facile, car uniquement soucieux d'observer le réel et de ne jamais perdre de vue les leçons de l'expérience, il ne lui est pas possible de ne pas apercevoir la bienfaisante action du christianisme. C'est là le grand enseignement que M. Maurras met constamment en lumière lorsqu'il exalte sur tous les tons et presque toujours avec justesse de pensée et d'expression le rôle historique de l'Eglise. « Différant sur le vrai, nous avons tendu à nous rencontrer sur l'utile : les divergences de spéculation subsistent, mais nous sommes tombés pratiquement d'accord sur la bonté du catholicisme tant à l'égard de la nation que de la civilisation et de l'humanité » (1).

Fort bien, mais le positivisme écartant toute métaphysique, ignorant par système la possibilité ou l'impossibilité de démontrer l'existence de Dieu, est impuissant à établir une morale. Commentant le Sylla-

____

(1) *La Politique religieuse*, préface, p. **xxvii**.

bus M. Maurras, au sujet de la 59ᵉ proposition *condamnée*, celle qui identifie le droit avec le fait matériel, observe que « tout au moins analogue à la doctrine catholique, la politique réaliste définit le droit comme un fait couronné des consentements de l'histoire, c'est-à-dire un fait d'une bienfaisance éprouvée. » (1) Bienfaisance éprouvée, c'est-à-dire qui aboutit en pratique à l'application d'une loi morale. Seulement pour bien apprécier la chose, il faut la confronter avec les principes dont elle est la mise en action. Or, vous ne professez pas, vous ne pouvez professer, vous positivistes, une doctrine morale. Si vous voulez vous entendre avec nous, votre seule ressource est d'adopter la morale chrétienne en tant que permanente, immuable, absolue, vraie en un mot. Ce sera tout simplement l'abandon de votre philosophie; vous ne serez plus disciples de Comte et de Taine, vous serez devenus catholiques.

Non, non, quelque droites et généreuses que soient leurs intentions, les incroyants n'auront jamais à s'unir avec les catholiques par des liens assez étroits, assez durables pour que les uns et les autres puissent former une école où la même pensée anime tous les maîtres et dirige tous les disciples. C'est si vrai que « le maître » se contredisant lui-même, montre très clairement que le panthéisme a des affinités intimes avec la « social-démocratie. » (2) S'il en est ainsi, comment les tenants d'un système à ce point dangereux et faux, obtiennent-ils droit de cité parmi les dirigeants de l'Action Française? Nous allons voir

(1) *La Politique religieuse*, p. 164, note 4.
(2) *Ibid.*, p. 149, note 1.

que le pacte d'alliance était tellement instable qu'il a été souvent violé par son auteur lui-même.

Faisons rapidement l'inventaire des principales idées de M. Maurras.

La vérité primordiale, base de l'ordre réel comme de l'ordre intellectuel, c'est l'existence de Dieu, premier principe, être nécessaire et infini. M. Maurras affecte de confondre les théories nuageuses de la philosophie allemande avec une idée qui est aussi raisonnable que chrétienne. « J'ai surtout en horreur ces derniers Allemands. L'Infini! comme ils disent. Le sentiment de l'Infini! Rien que ces sons absurdes et ces formes honteuses devraient induire à rétablir la belle notion du fini. Elle est bien la seule pensée. Quel Grec l'a dit? La divinité est un nombre; tout est nombré et terminé. N'exceptons ni la volupté, ni même les amours. Ils ont leurs points extrêmes et au dela se dissocient. *Définitions certaines*, comme chantèrent nos poètes et *justes confins* hors desquels s'étend un obscène chaos. » (1)

L'idée de l'infini chez les panthéistes d'outre-Rhin est absurde, mais prétendre que la notion du fini est la seule sensée, c'est le comble de l'aberration. Voilà l'athéisme dans toute sa laideur.

Au reste, selon notre auteur, l'idée de Dieu n'est acceptable qu'à la condition d'être organisée par l'Eglise (2). Autrement c'est une question de savoir si l'idée de Dieu, de Dieu unique et présent à la conscience est toujours une idée bienfaisante et politique » (3). Oui, sans doute, le déisme en tant que sys-

(1) *Le Chemin de Paradis*, préface, p. LXXII-LXXIII.
(2) *Romantisme et Révolution*. Nº III. Les déistes, p 274.
(3) *Ibid.*, p. 273.

tème excluant la révélation et l'Eglise est extrême-
ment nuisible et M. Maurras a raison de dire que le
protestantisme et le philosophisme sont des sources
de désordre dans la société et dans l'Etat; mais par
quelle étrange confusion, par quel abus de raisonnement l'auteur ne critique-t-il point la parole des apôtres : il vaut mieux obéir à Dieu qu'aux hommes (1)
et la mission des prophètes dont il fait des sujets de
désordre et d'agitation? (2) L'Eglise protège l'idée
de Dieu contre les déformations faciles à l'esprit humain, il n'en est pas moins vrai qu'à la base de la vie
intellectuelle, il faut placer la démonstration rationnelle, donc bienfaisante de l'existence d'un Dieu infini, éternel, créateur.

Comment M. Maurras parle-t-il de Notre Seigneur
Jésus-Christ? De même qu'en combattant la notion
de l'infini il prétendait n'en vouloir qu'à la métaphysique allemande, dans la préface du Chemin de Paradis il affirme que, seul, le Christ du protestantisme et
du romantisme est l'objet de ses attaques (3). Soit,
mais, dans le texte du volume, aucune distinction
n'est faite. « Un christ hébreu viendra au monde,
rachètera l'esclave et, déposant le fort du trône, pla-
cera les premiers plus bas que les derniers pour que
sa gloire soit chantée dans la vie éternelle. « Criton »
pour les Grecs signifie un esprit juste et un sens
droit. C'est pourquoi il fut affligé de cette prédiction,
il entrevit l'âge de fer. » (4)

(1) *Romantisme et Révolution*, p. 273.
(2) *Ibid.*, p .271.
(3) *Le Chemin de Paradis*. Préface, p. LXXXVIII. — Appendice, *Evangile et Démocratie*, p. 257-258.
(4) *Le Chemin de Paradis*, p. 202-203.

Notre foi ne peut que s'indigner et s'attrister à la lecture de ces lignes. Est-il possible de dépeindre sous des traits moins favorables et la personne et l'œuvre de notre divin Maître? M. Maurras avait parlé plus mal encore de la venue du Sauveur. Mais dans l'édition la plus récente du Chemin de Paradis, il a supprimé certains termes que désormais il estimait « offensants pour la conscience catholique dont il a toujours professé et conseillé le respect. » (1)

Cependant telles que je viens de les transcrire, ces phrases sont assez répréhensibles pour mériter l'épithète de païennes.

Nos Saints Livres contiennent en grande partie le dépôt de la Révélation. M. Maurras s'excuse de les ignorer et de ne pas goûter ce qu'il en a lu. « Il n'est pas impossible que j'aie heurté chemin faisant quelque texte brut de la Bible, mais je sais à peine lesquels (sic). D'intelligentes destinées ont fait que les peuples policés du sud de l'Europe n'ont guère connu ces turbulentes écritures orientales qu'extraites, composées, expliquées par l'Eglise dans la merveille du Missel et de tout le Bréviaire... » (2).

La désinvolture ressemble ici au manque de respect. Les pages dont l'étude passionnait Saint Jean Chrysostome, un grec s'il en fût, Saint Jérôme, romain que hantaient sans cesse les souvenirs de la littérature classique, notre Bossuet en qui se reflète tout le génie français du xviie siècle, n'excitent que le dédain de M. Maurras. Parti-pris! Rien ne peut provenir du peuple juif et donc de l'Orient, sans être

(1) *Le Chemin de Paradis.* Appendice. *Evangile et Démocratie*, p. 255.
(2) *Ibid..* Préface, p. LXXXVII-LXXXVIII.

selon ce penseur à système, principe ou effet d'un désordre. Fort heureusement pour l'humanité, l'*Eglise a corrigé la Bible* (!) On a formulé contre l'auteur du Chemin de Paradis l'accusation de paganisme. Je viens de prouver que ce n'est pas à tort; la démonstration pourrait être faite à l'aide de plusieurs autres arguments.

Par contre, toutes les sympathies de M. Maurras, je l'ai déjà observé, sont pour l'Eglise; il en exalte la constitution et l'œuvre, il se déclare d'accord avec elle quand le Pape condamne les principes de 89 et les idées modernistes. Pourquoi? Trois raisons expliquent à mon humble avis cet enthousiasme qui éclate souvent dans des pages vigoureuses et lumineuses. L'Eglise est l'héritière et la gardienne de la civilisation gréco-romaine en ce que celle-ci avait de sage, de méthodique, de fort; première raison. Le positivisme établit facilement l'inanité des doctrines abstraites dont les révolutionnaires, disciples de Jean-Jacques Rousseau, ont extrait les systèmes politiques modernes, il faut donc adopter à ce sujet les conclusions des Souverains Pontifes. Enfin, — troisième motif — la France a toujours été catholique, son génie a été formé par l'Eglise. Mais le caractère divin de la société que le Christ a fondée échappe au regard des disciples d'Auguste Comte. C'est très beau d'écrire dans l'introduction du Dilemme de Marc Sangnier plusieurs chapitres où non seulement l'organisation, mais l'esprit, les vertus et l'apostolat de l'Eglise sont glorifiés avec une exactitude et une éloquence remarquables, il faudrait reconnaître qu'il y a une vérité absolue, simplement une vérité, car toute vérité est nécessairement absolue, en d'autres termes indépendante du temps, des lieux, des faits. Or M. Maurras n'admettant l'objectivité d'aucune idée métaphysique, ne conçoit que le relatif. Il ne pourra donc, sans contredire sa propre philosophie, accepter tous les enseignements catholiques. M. Etienne Lamy publiait, le 10 juin 1908, à propos de l'Action Française, un article duquel je détache ces paroles parfaitement justes et qui ressemblent bien à une prophétie : « Les incrédules, si admirateurs soient-ils de l'Eglise, la voient avec leurs lumières et non les siennes, donc leur adhésion est toujours précaire, et si demain l'Eglise, par un acte, par une parole, leur déplaît, ils ne pourront préférer sa raison qui pour eux est humaine à la leur, et leur intelligence, au lieu de les attacher solidement à l'Eglise, risque chaque jour de les en détacher. » (1)

Il devait en être ainsi. La morale de M. Maurras est chrétienne, si nous nous en rapportons à certains de ses ouvrages, par exemple, à son livre : La Politique religieuse; elle s'affirme nettement païenne, athée, par exemple tout le long des contes philosophiques groupés sous le titre de « Chemin de Paradis » ou des notes qui forment le volume « Anthinéa. »

Quelques courtes citations suffiront :

En quoi consiste la sagesse pratique ici-bas? On va nous l'apprendre : « La vie excellente consiste à ne rien méconnaître. (Je ne méprise presque rien, disait Leibniz); ensuite à combiner, à concilier dans nos cœurs le démon religieux et le voluptueux. » (2) Inutile d'observer que le catéchisme enseigne tout le

(1) Correspondant, 10 juin 1908.
(2) *Le Chemin de Paradis*, préface, p. lxxvi.

contraire. Selon ce petit livre, il faut essayer sans cesse de devenir plus vertueux. Ce n'est pas l'avis de M. Maurras. La béatitude « n'est point de tout ignorer, mais, plus profondément, de peu vivre et de peu sentir » (1). Mais quoi que l'on fasse pour peu vivre, peu sentir, il est impossible au moins d'éviter la souffrance. M. Maurras a le secret de réconforter les âmes éprouvées. « Nos maux, dit-il, les maux d'autrui, ces ennuis cesseront à tout le moins avec nous-mêmes, et puisque nous avons contre eux le recours de mourir, il est bien vain, l'unique thème de tant d'oraisons éloquentes et de strophes apitoyées! » (2). Voilà des consolations très catholiques, n'est-ce pas? Attendre la mort, et au besoin la devancer par le suicide, quel remède définitivement efficace! Si les encourageantes théories ne s'accordent pas avec les écrits de M. Maurras sur la morale de l'Eglise, ce n'est pas qu'il ait changé d'opinion. Oh! non. « Les variations qu'il (M. Etienne Lamy, à qui cet article répond) a pu observer chez moi sont de sentiment. Elles s'expliquent par les circonstances. Quant aux doctrines proprement dites, on ne relèvera aucune variation importante (3) depuis tel de mes livres, paru en 1906, jusqu'à tel autre plus ancien de douze années entières. » (4) Il est précieux d'entendre de tels aveux. Retenons-les bien.

Mais les divergences d'idées se retrouvent même dans l'ordre des choses politiques, là ou M. Maurras

(1) *Le Chemin de Paradis*, préface, p. LXXXII.
(2) *Ibid.*, p. LXXVIII.
(3) M. Maurras n'a jamais varié, ses idées sont restées les mêmes, c'est pour cela qu'en 1921 il a pu rééditer le *Chemin de Paradis*.
(4) *La Politique religieuse*, p. 92.

prétend que l'union peut se faire et durer entre athées, panthéistes, païens, positivistes et catholiques. Cet adversaire irréconciliable du protestantisme blâme les catholiques coupables de n'avoir pas voulu, à la fin du xvi⁰ siècle d'un roi hérétique (1). Premier désaccord. En voici d'autres et de très profonds, je parle de morale politique.

La philosophie de Kant est souverainement antipathique au chef de l'Action Française, et de cela nous le louons sans réserve, seulement l'erreur est grave de combattre les doctrines subjectivistes à l'aide du positivisme, car l'un et l'autre systèmes sont agnostiques et par conséquent se touchent par certains côtés qui ne sont pas les moins saillants. Et c'est précisément ce que M. Maurras essaie de faire.

« Il fallait de toute nécessité, dit-il, récuser constamment l'obsédant fantôme de la morale, de la morale individualiste étudiée sous Kant, en Sorbonne ou bien à l'impasse Ronsin. En examinant la structure, l'ajustage et les connexités historiques et sociales, on observe la nature de l'homme social et non sa volonté, la réalité des choses, et non leur justice : on constate un ensemble de faits dont on ne saurait dire après tout s'ils sont moraux et immoraux, car ils échappent de leur essence à la catégorie du droit et du devoir, puisqu'ils ne se rapportent pas à nos volontés.

« Comme il y eut des phénomènes purement chimiques ou physiques dans l'organisation d'un Descartes ou d'un saint Vincent de Paul, toute société se construit suivant des nécessités naturelles dont il s'agit de connaître exactement l'essence, non d'af-

(1) *La Politique religieuse*, p. 135.

firmer ou de contester la justice et le bien fondé. Nous ne savons s'il est juste qu'un fils ne puisse choisir son père, ou qu'un citoyen soit jeté dans une race avant d'avoir manifesté le libre vœu de sa conscience. Nous savons que les choses ne sont pas maîtresses de se passer autrement. Est-il juste qu'une opinion bien intentionnée, quand elle est absurde, puisse perdre un Etat? Peut-être, mais, pour le salut de cet Etat, l'important ne sera point de décider si la chose est juste, mais de la connaître pour l'éviter. L' infaillible moyen d'égarer quiconque s'aventure dans l'activité politique, c'est d'évoquer inopinément le concept de la pure morale, au moment où il doit étudier les rapports des faits et leurs combinaisons. Telle est, du reste, la raison pour laquelle l'insidieux esprit révolutionnaire ne manque jamais d'introduire le concept moral à ce point précis, où l'on n'a que faire de la morale; il a toujours vécu de ce mélange et de cette confusion, qui nuisent à la vraie morale autant qu'à la vraie politique. La morale se superpose aux volontés : or, la société ne sort pas d'un contrat de volontés, mais d'un fait de nature.

« C'est ainsi que Vaugeois se trouve amené à s'écrier un jour : « *Nous ne sommes pas des gens moraux.* » Et, à le bien voir, il est impossible de rien faire de plus moral que cette honnête distinction entre deux ordres que l'on confond malhonnêtement » (1).

J'ai cité tout entier ce long passage parce qu'il me semble d'une importance capitale pour mesurer la distance séparant de la doctrine catholique les théories philosophico-politiques et sociales professées par

(1) *La Politique religieuse*, p. **78, 79**.

M. Ch. Maurras. Nous y remarquons d'abord ce mélange de vérités et d'erreurs que l'on aperçoit souvent dans les œuvres du chef de l'Action Française et qui les rend si dangereuses aux esprits peu familiarisés avec l'analyse des principes. La société comme la famille, comme la nature de l'homme, c'est parfaitement exact de le dire, existe sans que notre volonté ait concouru le moins du monde à la créer ou bien à établir ses lois fondamentales. Un second fait, lui aussi indéniable est l'impuissance du législateur lorsqu'il s'avise de mettre au monde une constitution politique à l'aide de quelque système a priori. Joseph de Maistre l'a très bien démontré en parlant de l'Angleterre, si je ne me trompe : les meilleures constitutions naissent de la tradition, car elles correspondent alors aux possibilités, aux besoins, aux habitudes d'une nation. Dans son ouvrage sur les origines de la France contemporaine, Taine critique avec une merveilleuse logique les prétentions absurdes des hommes de 1789 et de 1793. Faire table rase du passé, reconstruire tout l'édifice national sur un modèle idéal et donc nulle part réel, quelle folie! Jusque-là nous sommes d'accord avec M. Maurras, mais nous différons de lui sur deux points essentiels.

1° La société, telle que Dieu l'a créée lui-même, est non seulement naturelle mais morale, car le signe de la moralité, c'est l'adaptation de moyens honnêtes à une fin honnête elle aussi. Or tout, dans l'œuvre divine est organisé de telle sorte que les moyens permettent d'atteindre et de posséder le bien, cette fin nécessaire de tout ce que la sagesse infinie de la Providence établit en ce monde.

2° La liberté humaine pervertit facilement les œuvres divines, lorsqu'elle subit l'influence de l'instinct et de la passion. La morale doit par conséquent intervenir pour réformer, par la direction qu'elle donne à nos actes, ce que les vices ou simplement l'absence de travail ont produit de nuisible. « La société ne sort pas d'un contrat de volontés, mais d'un fait de nature », sans doute, mais la volonté ou bien altère la nature, ou s'y conforme, ou la perfectionne. On voit ici l'erreur de M. Maurras. De son exposé résulterait une sorte de déterminisme politique. Il faudrait tout accepter dans l'état des choses, tandis que l'Eglise, en tenant grand compte des réalités, a toujours essayé d'élever plus haut le niveau de la civilisation. La méthode fondée sur l'expérience, mais inspirée par des principes tour à tour rationnels et surnaturels, est de mettre à profit ce qu'elle découvre de bon dans les faits afin de s'en servir pour combattre les insuffisances et les abus, abus toujours trop nombreux.

Je citerai un exemple qui révèle clairement la différence des deux méthodes. M. Maurras est l'adversaire résolu de l'individualisme, il a raison, mais là aussi il exagère. A propos de l'affaire Dreyfus, il écrit ceci : « Si l'individualisme est vrai, il sera juste et bon de tout secouer, de tout ébranler et bouleverser pour effacer la condamnation de n'importe quel individu : désorganiser l'opinion, l'armée, les lois et l'Etat, détruire la paix, la défense et la sécurité de la nation, tout est *légitime* pour *Lui*. Un certain nombre de braves gens à l'esprit faux ou bien faussé par cette doctrine, devaient être dociles aux suggestions intéressées des meneurs protestants, étrangers, francs-maçons et juifs (1); ils n'hésitèrent point à

---

(1) Toujours les quatre Etats que l'*Action Française* veut combattre.

pratiquer ces maximes absurdes : elles s'imposèrent avec une rigoureuse logique; et pour les rejeter, il eût fallu d'abord abandonner le principe individualiste et libéral. » (1)

Encore des équivoques, des confusions. M. Maurras veut-il conclure que si une institution doit entraîner tant de désastres, il faut sacrifier la cause de la justice? Il y aurait là conflit entre deux intérêts justes l'un et l'autre.

Le plus fort l'emporterait; tant pis pour le plus faible. Telle n'est pas la pensée de l'Eglise. Une des maximes de sa morale est qu'il n'est pas permis de faire le mal pour arriver au bien. Elle ne consentira donc jamais à troubler l'ordre établi jusque dans ses bases pour prouver l'innocence d'un individu faussement accusé, injustement condamné. Non, non, l'Eglise considérerait une telle pertubation comme un moyen détestable, encore qu'elle n'eut pas l'intention de l'occasionner. La maxime « *non sunt facienda mala ut eveniant bona* » doit s'appliquer non seulement au mal voulu *directement*, mais même à celui qui serait produit *indirectement*. L'Eglise usera donc de prudence et de douceur, elle consultera l'opportunité, temporisera longuement, mais sans jamais abandonner la cause du droit violé en la personne d'un de ses enfants ou simplement d'un être humain quelconque. Car enfin s'il y a un individualisme faux et désastreux, il en est un autre qui est essentiellement catholique. La société chrétienne ne se compose que d'âmes pour lesquelles Notre Seigneur Jésus-Christ a versé son sang sur la Croix. Et donc la socié-

(1) *La Politique religieuse*, p. 73-74.

té n'existe que pour le salut des individus, le but, c'est que l'Eglise fondée par le Sauveur puisse remplir sa mission c'est-à-dire conduire au ciel les unes après les autres, les âmes rachetées au Calvaire.

Une dernière remarque. Dans la Déclaration de la Ligue d'Action Française on lit ces deux phrases : « Je m'associe à l'œuvre de la Restauration monarchique, je m'engage à la servir par tous les moyens. » Cette formule ayant été attaquée, comme il fallait s'y attendre, M. Maurras a voulu la justifier. « Quand des hommes dont l'honorabilité est connue et auxquels on n'a rien reproché que le dévouement à leur foi politique ou religieuse, déclarent qu'ils soutiendront par tous les moyens une idée en elle-même haute et pure, il va sans dire que le méprisable et le vil se trouvent bannis par définition de l'universalité des moyens qu'ils ont considérés » (1).

Assurément oui, mais le positivisme, je l'ai rappelé, est incapable de fonder une morale; quel sens donnera-t-il donc à ces deux mots : *méprisable et vil?* On peut se le demander, car à la rigueur ils ne sont pas synonymes de bon, de moral. Au regard de certains hommes, refuser de se battre en duel, c'est commettre une lâcheté, donc faire quelque chose de *méprisable et vil*, tandis que pour le chrétien c'est remplir un devoir.

Ainsi, même sur le terrain de la philosophie politique, l'alliance avec des non-croyants ne peut être ni complète, ni durable. Les faits confirment ce que l'examen des principes suffisait d'ailleurs à démontrer.

(1) *L'Action Française et la religion catholique*, p. 219.

**

Nous connaissons maintenant les causes profondes du conflit entre l'Eglise catholique et l'Action Française. Ici comme ailleurs les idées s'unissent ensemble, s'enchaînent nécessairement. On a beau vouloir rompre les liens, une logique implacable reprend bien vite ses droits. Je veux dire que le point de départ de l'Action Française étant un principe faux, tout édifice construit sur cette base est ruineux. Vous érigez votre théorie politique en dogme absolu, donc l'Eglise qui professe le culte de la vérité ne peut pas ne pas être avec vous, donc elle ne devra agir sur le terrain politique et social qu'avec vous. Mais si tel est le caractère de votre système qu'il soit pour la société l'artisan unique du salut, que sans lui la France soit vouée à la décadence, à la mort, la religion sera bien un des facteurs de la résistance au mal, une des collaboratrices, la plus utile assurément, de votre œuvre, elle ne sera que cela. Votre dogme est absolu, par conséquent il a seul le pouvoir de diriger le travail de notre rénovation nationale; il trouve dans l'enseignement de l'Eglise, je viens de le dire, un secours précieux, mais, somme toute, étant ce qu'il est et vivant par lui-même, il ne se sait pas tellement lié à nos doctrines qu'il ne puisse s'en écarter jamais ni parfois les contredire en face.

Voilà ce que j'ai appelé le fond de la question. L'Eglise veut que la société politique dont la fin est évidemment temporelle facilite à ses membres la conquête du ciel, but suprême de l'activité humaine. Les catholiques pourront bien, si les faits le leur imposent, s'accommoder en pratique d'un gouvernement établi sur des bases purement politiques, mais leur idéal devra rester le même, cet idéal c'est la subordination de l'ordre civil à l'ordre religieux, en ce sens que l'Etat regarde l'Eglise comme la gardienne et l'interprète de la morale, sous quelque forme qu'on envisage celle-ci, comme la mandataire du Christ, Roi de l'univers, et la conductrice nécessaire des hommes à leur destinée éternelle. Il n'est donc pas admissible que les croyants fassent partie d'une école de philosophie politique où des incroyants athées, panthéistes, païens, positivistes puissent non seulement prendre place, mais devenir chefs de notre armée dans la lutte contre l'antichristianisme. La pensée catholique n'aura jamais deux maîtres : le Pape et un athée, même lorsqu'il s'agira uniquement d'appliquer à la vie nationale la doctrine des mœurs. Accepter cette dualité c'est tomber dans le libéralisme condamné par l'Eglise, ainsi que l'a dit récemment le Cardinal Gasparri (1), c'est suivant une parole de Pie XI (2) céder à l'influence de ce laïcisme que pourtant l'on veut combattre. La conclusion serait l'indifférence religieuse en matière politique.

Les lecteurs de l'*Action Française* soupirent et s'indignent; ils croient voir sur le Siège de Pierre une victime peu intelligente d'informations fausses, un Pape entouré d'hommes sans conscience ou sans perspicacité, vendus à l'Allemagne ou trompés par le vain mirage de projets chimériques et absurdes, et en France un épiscopat courbé sous le joug, n'osant pas dire au Pontife et au Père la vérité qu'il connaît

(1) Lettre à S. Em. le cardinal Dubois, 21 avril 1927.
(2) Lettre à S. Em. le cardinal Andrieu, 5 septembre 1926.

pourtant. Roman malsain que tout cela, l'Action Française expose les catholiques à de graves erreurs de morale, donc de religion. Pie XI a dénoncé le péril, nous lui disons de toute notre âme un grand merci.

Agen, le 8 mai 1927, en la fête de sainte Jeanne d'Arc, patronne et libératrice de la France.

APPENDICE

A la dernière heure une correspondance de Rome me met au courant de certains détails relatifs à l'intervention de Mgr Esser en 1911. Je crois utile de l'ajouter ici en appendice : il est impossible que les documents relatifs au projet de condamnation présenté à S. S. Pie X aient été falsifiés.

« Cette impossibilité ressort évidemment de la simple inspection des documents et de la composition même du volume qui les contient avec tous les procès-verbaux de la Congrégation de l'Index. Le Saint Père lui-même a examiné le volume.

« Les procès-verbaux sont toujours à la disposition de tous les employés du dicastère, des Cardinaux qui composent la Congrégation, et, en particulier du Cardinal relateur dans la cause et du Cardinal Préfet. Le secrétaire est obligé de relater l'audience du Pape au cardinal Préfet qui a, à son tour, l'audience du Saint Père : c'est pourquoi il ne peut arriver que la pensée du Saint Père soit falsifiée, et, en tout cas, que la falsification reste ignorée; ce qui était d'autant plus impossible à se vérifier dans notre cas que tout le monde parlait à Rome de la cause de Maurras, au sujet de laquelle les Cardinaux, et en particulier, le Cardinal Préfet de l'Index avaient entretenu plusieurs fois le Pape Pie X.

« Il faut remarquer aussi une circonstance : c'est-à-dire que le Cardinal relateur de la Cause était le Cardinal Van Rossum, qui vit encore » (1).

---

(1) M. Maurras a montré du reste par ses articles du 9 et du 12 janvier 1927 un réel embarras pour expliquer la mise à l'Index de ses livres.

TABLE DES MATIÈRES

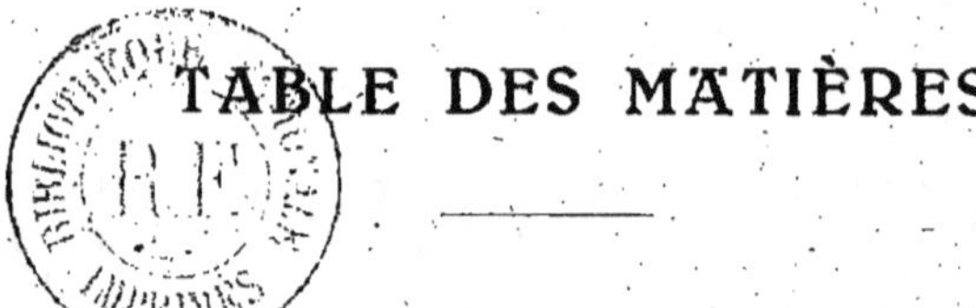

Imp. de la Seine, 24, Rue J.-J.-Rousseau -- Montreuil-sous-Bois.